Robert Badenberg

Sambia
oder Jederzeit
ab jetzt

Mein afrikanisches Tagebuch

johannis

Bibliografische Information der Deutschen Nationalbibliothek
Die Deutsche Nationalbibliothek verzeichnet diese Publikation in der
Deutschen Nationalbibliografie; detaillierte bibliografische Daten sind
im Internet über http://dnb.d-nb.de abrufbar.

ISBN 978-3-501-01628-2

Bestell-Nr. 72481
© 2009 by Johannis-Verlag,
Abt. der St.-Johannis-Druckerei C. Schweickhardt GmbH,
Lahr/Schwarzwald
Umschlagbild: Robert Badenberg
Umschlaggestaltung: Michaela Sanchez García
Lektorat: Dr. Ulrich Parlow
Gesamtherstellung:
St.-Johannis-Druckerei C. Schweickhardt GmbH, Lahr/Schwarzwald
Printed in Germany   17313/2009

www.johannis-verlag.de

Renate & Matthias

Echte Freunde

Inhalt

»Jederzeit ab jetzt!«

In Sambia gibt es wie überall auf der Welt einen 24-Stunden-Tag. Und doch tickt die Zeit irgendwie und auch konkret anders. Bemerkbar macht sich diese »andere Zeit« bei sogenannten Meetings, also Besprechungen, ohne die nichts läuft. Für alle Angelegenheiten des Lebens werden Meetings angesetzt. Das erklärt auch die vielen Komitees und Ausschüsse, die allerorts in großer Anzahl in diesem Land im südlichen Afrika existieren.

Es war Ende der 1980er-Jahre während unserer Anfangszeit in Sambia. Wir saßen mit Einheimischen zusammen, weil es irgendein Meeting zu irgendeinem Anlass geben sollte. Der Termin war abgemacht und eine bestimmte Uhrzeit als Beginn festgesetzt. Natürlich waren wir pünktlich, ja überpünktlich gewesen. Nach der ausgiebigen Begrüßungsrunde und den anschließenden Alltagsplaudereien saßen wir wartend in der Runde. Wir saßen und warteten, warteten und saßen. Ab und zu stieß eine weitere Person dazu.

Immer häufiger blickte ich ungeduldig auf die Uhr. In meinem Innern baute sich eine Spannung auf, die ich nicht mehr ignorieren konnte. »Die Uhrzeit war doch bekannt«, argumentierte ich im Stillen. Es bewegte sich einfach nichts. Meine Bemerkung, dass es doch langsam Zeit sei, endlich zu beginnen, ging einfach unter.

»Es sind noch nicht alle da«, hieß es schlicht.

Was für eine Begründung! Als nach meinem Empfinden genug »Toleranzzeit« (was für ein Wort) verstrichen war, wagte ich nochmals einen Vorstoß und fragte vorsichtig:

»Wann können wir mit dem Meeting beginnen?«

Die Antwort kam prompt und bestimmt: *»Any time from now«* – jederzeit ab jetzt!

An einer der wenigen Tankstellen in Kasama, einem wichtigen Verkehrsknotenpunkt hoch im Norden Sambias, füllte ich den Tank meines Wagens mit Diesel. Da hielt neben mir ein Pick-up. Diese Art kleiner Lieferwagen mit Pritsche ist typisch für Sambia (und nicht nur für dieses Land) und wegen seiner praktischen Ladefläche beliebt. Sehr oft dient so ein Gefährt auch zur Personenbeförderung. Die Menschen sitzen auf den seitlichen Bordwänden, das Gepäck zu ihren Füßen in der Mitte der Ladefläche; bei Bedarf quetschen sich ganz Mutige noch irgendwo zwischen die Taschen und das viele Allerlei.

Zurück zur Tankstelle. Ein Afrikaner mittleren Alters stieg aus und fummelte an seinem Wagen herum. Seine Ladung erstaunte mich. Eine ganze Reihe Kanister aller Art und Größe standen schön aufgereiht hinten auf der Pritsche. Die Krönung war allerdings eine sogenannte *drum*, ein großes 200-Liter-Fass, das mit einem Strick festgezurrt war. Einen Behälter nach dem anderen füllte er bis zum Rand. Zuletzt kam das große Fass an die Reihe. Ich staunte nicht schlecht. Das kostete Geld und Zeit.

Welche Dinge in Europa alle etwas kosten! Als könnte man Zeit »kaufen«. Der Gedanke, dass etwas »Zeit kostet«, ist in Bembaland absurd. Zeit »geht« und »kommt«, sie »kommt vorbei« oder »ist noch nicht angekommen«. Man kann jemandes Zeit »werfen«, sprich wegwerfen, also vergeuden. Und man kann natürlich »Zeit haben«, über die mit Ereignissen gefüllte Zeit verfügen.

Mein Tanknachbar hatte wohl meine ungläubigen Blicke bemerkt und verwickelte mich in ein Gespräch. Er sei viel unterwegs, gab er zu verstehen. Gerade sei er aus dem Süden hier eingetroffen. Eine lange und ermüdende Fahrt. Die schlechten Straßenverhältnisse – wahrlich kein Spaß. Noch sei er aber nicht am Ziel. Er wolle sich nur neu ausrüsten, weil es bald wieder auf die Straße gehe. Tankstellen seien in diesem Landstrich ja dünn gesät und man müsse auf alles gefasst sein.

Dann lachte er und sagte:

»Weißt du, Sambia ist schon ein verrücktes Land. Wir Sambier reisen ziellos und ohne Ende.«

Jetzt lachte ich. Seine Selbstironie fand ich irgendwie gut. Ich fragte ihn, wann er denn sein nächstes Ziel erreichen müsse.

»Oh«, meinte er, *»any time from now«* – jederzeit ab jetzt.

Unsere Ankunft in Sambia fiel in die Zeit, als Kenneth Kaunda zusammen mit seiner Partei UNIP *(United National Independence Party)* noch das Land regierte. Zu jener Zeit waren die goldenen

Siebzigerjahre längst verblasst. Verschiedene Reformen in den 1980ern hätten eine Verbesserung der wirtschaftlichen Lage bringen sollen, waren aber alle im Sand verlaufen. Es gab zwar schon deutliche Anzeichen für eine kommende Veränderung grundsätzlicher Art. Aber noch war es nicht so weit.

Mit Wehmut wurde über die gute alte Zeit gesprochen. Nun war das Leben, ja Überleben schwierig geworden, die Straßen schlecht und die Versorgung mit wichtigen Grundnahrungsmitteln immer wieder problematisch. Zu den wichtigsten Artikeln gehörten in Sambia Zucker, Öl und Maismehl. Lernen mussten wir zu jener Zeit nicht nur, *wo* man diese Güter bekommt, sondern vor allem, *wie* man sie bekommt.

Auffallend waren damals die häufigen Warteschlangen, die sich vor den Geschäften bildeten, in denen es diese Dinge zu kaufen gab. Für Zucker, Öl und Maismehl musste man regelmäßig anstehen und viel Geduld für den Einkauf aufbringen.

Als unsere Vorräte wieder einmal aufgebraucht waren, gab es glücklicherweise eine dieser Waren in einem Geschäft in der Stadt, und so fuhren wir dorthin. Wie alle anderen Kunden stellten wir uns in der Schlange an. Nur zäh und langsam ging es voran. Aber dass jemand nur für sich wartet, das gibt es in Sambia nicht. Es wurde geredet und kommentiert. Endlich kam der Verkaufstresen in Sicht.

Doch irgendetwas stimmte nicht. Vorne wurde diskutiert, und zwar immer lauter. Um Freudiges konnte es sich kaum handeln, so viel war auch uns hinten klar. Schließlich stellte sich heraus: Der Laden war soeben ausverkauft. Schöne Pleite.

Ich fragte bei dem indischen Kaufmann nach, wann es denn wieder Nachschub geben würde:

»Sir, wann erwarten Sie die nächste Lieferung?«

»Sir«, gab er genervt zurück, *»any time from now«* – jederzeit ab jetzt.

Mit diesen drei Begebenheiten bin ich den Ereignissen schon etwas vorausgeeilt, nämlich dem, was wir in unserem ersten Jahr in Sambia erlebt haben. Doch sie stimmen beispielhaft auf das Thema ein. Alles Weitere nun aber nicht *any time from now,* sondern wirklich – jetzt!

Allein in einer fremden Welt

Die Vorbereitungen für unseren Aufenthalt in Afrika zogen sich über einen längeren Zeitraum hin, schließlich sollte es ein Umzug für etliche Jahre werden. Ja im Grunde hatte alles schon ganz früh begonnen.

Bereits als Kind faszinierten mich fremde Welten, die mir in Büchern begegneten. Ich las viel. Im Geiste begleitete ich David Livingstone auf verschlungenen Pfaden durch Afrika, Marco Polo an den Hof des Mongolenherrschers Kublai Kahn, Sven Hedin durch die weiten Steppen Asiens oder Thor Heyerdahl auf seinen spektakulären Schiffsreisen über die Ozeane.

Durch Missionsberichte kam ich innerlich noch näher an diese exotischen Welten, Kulturen und Menschen heran. Irgendwie wiesen diese Dinge mir einen Weg in die Zukunft. Richtungsweisende Erfahrungen machte ich in einer christlichen Jugendgruppe. Ich lernte die Bibel kennen. Mehr noch. Ich lernte den kennen, der durchs Evangelium zu den Menschen kommt – Jesus Christus.

Weil ich für Neues grundsätzlich offen war, meldete ich mich sofort freiwillig, als während meiner Zeit in der Luftwaffe unser Geschwader für einen Monat nach Sardinien verlegt wurde. Dort betrat ich erstmals sozusagen internationalen Boden. Im Rahmen von NATO-Übungen mit der Sechsten Mittelmeerflotte der US-Streitkräfte kam ich mit verschiedenen Nationalitäten in Kontakt.

Noch im selben Jahr erhielt ich die Möglichkeit, als Mitglied eines Besuchsteams ein Partnerdekanat der Lutherischen Kirche in Tansania zu besuchen. Ich tauchte regelrecht in Afrika ein. Das Jahr darauf kam der schwarze Kontinent zu mir nach Hause: Ein Afrikaner besuchte mich.

In diese Zeit fiel meine Entscheidung, mich beruflich zu verändern. Ich begann eine fünfjährige Ausbildung am Theologischen Seminar der Liebenzeller Mission. Mit dem Ende der Ausbildung war die Vorbereitung für den Missionseinsatz in Afrika jedoch keineswegs abgeschlossen. Zusammen mit anderen Kollegen überquerten wir im September 1987 den Ärmelkanal von Ostende nach Dover. England hieß uns willkommen. Neben vielen interessanten Dingen auf der Insel hatten wir uns vor allem für das Erlernen der englischen Sprache zu interessieren.

Nicht mitkommen konnte Rita. Wir hatten uns während meines letzten Ausbildungsjahres befreundet und ich hatte sie gleich zu Beginn gefragt, ob sie meine Frau werden wolle – und ihr zugleich von meiner Absicht erzählt, in die Außenmission zu gehen. In ihrem Herzen war sie allerdings schon seit Langem darauf vorbereitet. Sie gab mir ihr Jawort und wir wollten heiraten.

So schnell ging es aber nicht. Zuvor hatte Rita noch eine neunmonatige Vorbereitungszeit bei der Missionsgesellschaft zu absolvieren. Als sie damit fertig war, kam sie endlich nach England.

Doch noch einmal zurück zur ersten Überfahrt nach England zusammen mit meinen Kollegen. Man wollte uns nicht »sprachlos« in die weite Welt schicken. Daher sollten wir uns so viel wie irgend möglich von der Sprache der Queen von Great Britain aneignen. Für mich wurde es ein längerer und in vielerlei Hinsicht lohnenswerter Aufenthalt.

Wie anders ein europäisches Nachbarland sein kann, stellt sich erst heraus, wenn man länger dort lebt. Ich tauchte ein in die Welt der Cornflakes, der Tiefkühlprodukte und der allgegenwärtigen *cup of tea*, also der Sitte, immer und überall eine Tasse Tee zu trinken. So etwas wie einen »Augenöffner« in Bezug auf kulturelle Fremdheit erlebte ich eines Morgens:

Wir waren eine Gruppe von Deutschen, die über Monate jeden Morgen mit dem Nissan Diesel Minibus ins College zum Englischunterricht fuhr. Der unglaubliche Verkehr in der südwestlichen Ecke Londons war eine tägliche Herausforderung, und keine kleine. An einem Morgen kamen wir nur langsam voran. Wir krochen förmlich von Kreisverkehr zu Kreisverkehr, von Ampel zu Ampel. Wieder hatte es nicht gereicht und wir mussten bei Rot stoppen. Mein Fensterplatz ermöglichte mir einen freien Blick auf meine Straßenseite. Eine Absperrung signalisierte eine Baustelle. Dahinter leuchtete ein gelbes Zelt, so wie man es von Inspektionsarbeiten der Telekom oder der Stadtverwaltung kennt. Es regnete, aber die mir zugewandte Seite des Zeltes war offen und ich konnte ins Innere schauen. Ein Kanaldeckel war zur Seite geschoben und ein schwarzes Loch gähnte mir entgegen. Irgendwelche Reparaturarbeiten waren im Gang. Dann tauchte eine Gestalt aus der Tiefe auf. Zuerst sah ich nur einen Hut, dann einen Regenmantel, dann Beine und schließlich Regenstiefel, die noch Spuren einer Expedition trugen. Einen Augenblick später konnte ich mich davon überzeugen, dass zu der Gestalt auch ein Gesicht gehörte. Einzelheiten habe ich vergessen. Unvergesslich jedoch ist mir die Halspartie der Person geblieben. Unter dem Regenmantel und dem Arbeitsanzug blitzte unverkennbar eine Krawatte durch. Ich musste lachen und war zugleich beeindruckt! Ob Manager oder Kanalarbeiter: Die Krawatte ist als Symbol britischer Etikette unverzichtbar. Fremde Länder, fremde Sitten. Besser oder schlechter – das ist nicht die Frage. Die Dinge liegen in England einfach anders.

Das Englischstudium an verschiedenen Colleges, die Mithilfe in Peters Autowerkstatt, die gelegentlichen Aushilfsarbeiten beim Landschaftsgärtner Graham und nicht zuletzt die Gemeinde und das Leben bei John und Pauline, der Pfarrfamilie, die mich wie einen Sohn aufnahmen, machten einen tiefen Eindruck auf mich. Ich bekam Freunde und erlebte christliche Gemeinschaft in einer anderen Kultur. Was für ein Privileg.

Der Englandaufenthalt ging schließlich im Dezember 1988 zu Ende. Vorher war allerdings noch eine ausgedehnte Sprachprüfung fällig. Der Abschied von vielen lieb gewonnenen Freunden fiel uns schwer.

Im kalten Januar des folgenden Jahres feierten wir Hochzeit, um im April endlich ausreisen zu können. Unser Freund, Pfarrer Matthias, hielt die Predigt über unseren Trauspruch »Der Herr denkt an uns und segnet uns«. Ein Anteil nehmender und segnender Gott an unserer Seite gab unserem Aufbruch in ferne Welten eine hoffnungsvolle Ausrichtung. Eigentlich hätten Rita und ich schon im Herbst des vorangegangenen Jahres in Sambia einfliegen sollen, aber so schnell hatten sich die nötigen Dinge nicht regeln lassen.

Nach der Hochzeit waren wir ernsthaft damit beschäftigt, uns darüber klar zu werden, was wir in Sambia benötigen würden und was wir beruhigt zu Hause lassen könnten. Glücklicherweise waren viele Geschenke praktischer Natur und hatten mit unserer Zukunft in Afrika zu tun. Dann hatten wir eine Reihe von herzbewegenden Abschiedsfeiern in etlichen Ecken Süddeutschlands zu absolvieren. Zuletzt standen Aussendungsfeiern in unserer fränkischen Heimat auf dem Programm. Mit viel Fantasie und Liebe wurden wir in den Süden der Erdkugel verabschiedet. Viele Verwandte, Freunde und Bekannte wollten uns unbedingt noch einmal sehen, uns die Hände schütteln und eine behütete Reise wünschen. Besonders freute uns übrigens die Anwesenheit von John und seiner Familie aus England, die ein Flair von Internationalität mitbrachten und zugleich sichtbar werden ließen, dass Fremdheit keine unüberwindbare Barriere sein muss; wir erlebten eine großartige kulturübergreifende Verbundenheit, begründet im gemeinsamen Glauben an Jesus Christus.

In all die guten Wünsche platzte mein langjährige Freund Werner mit einer Frage herein:

»Bist du bereit, dein Leben für diese Sache herzugeben?«

Erst später zeigte sich, wie berechtigt diese Frage war.

16. April 1989. Mit letzten Instruktionen unseres Chefs Ernst Vatter, des damaligen Missionsinspektors der Liebenzeller Mission, nahmen wir Abschied von Verwandten und Freunden. Es waren bewegende Augenblicke am Stuttgarter Flughafen. Nicht jede Träne und nicht jeder wehmütige Schmerz konnten oder wollten unterdrückt werden. Und doch traten wir mit Zuversicht und Frieden im Herzen unsere Reise an.

Zunächst flogen wir nicht in den Süden, sondern in den Norden: In Frankfurt mussten wir wieder landen und umsteigen. Bekannte wussten über unseren Flugplan Bescheid, ließen uns von der Information ausrufen und machten uns eine Freude, indem sie mit einem großen Plakat in der Weite der Halle standen und unübersehbar auf unsere Reise nach Afrika aufmerksam machten. Es blieb uns nur wenig Zeit und schon bald drängte die Weiterreise nach London zum Abschied. Endgültig ließen wir Deutschland hinter uns.

In London hatten wir einen zweiten Zwischenstopp und sogar einige Stunden Aufenthalt. Diesen nutzten wir zu einem Rendezvous mit unseren Freunden. John, Pauline, Michael, Vivienne und eine Reihe anderer lieber Menschen aus Chessington hatten darauf bestanden, uns ebenfalls nach Afrika zu verabschieden. Es gelang uns, den Transitbereich zu verlassen und in einer Ecke der Abflughalle mit ihnen zusammen eine letzte Runde Europa und echte Freundschaft zu genießen. Es wurde spät und wir mussten uns trennen. Letzte Blicke und ein Segen geleiteten uns in ein neues Leben.

17. April 1989, 7.00 Uhr morgens Ortszeit. Gerade war der lange Nachtflug von Stuttgart über Frankfurt nach London und schließlich mit der Ankunft am Lusaka International Airport zu Ende gegangen. Nach vielen Tausend Flugkilometern waren wir sicher gelandet und standen nun auf afrikanischem Boden. Die Sonne heizte uns schon kräftig ein, als wir den Flieger verließen und unsere ersten Schritte auf diesem großen Kontinent taten. Sambia war unsere neue Heimat. Wir waren angekommen. Wirklich?

Die Mehrzahl der Reisenden war bereits am Ziel. Ich staunte über die vielen Europäer, die mit uns gelandet waren. Was die hier alle wollten? Unser erster Kontakt mit afrikanischen Behörden stand kurz bevor. Gehört hatten wir im Vorfeld unserer Reise mancherlei. Aber es gab keinen Grund zur Beunruhigung. *Customs & Immigration* (die Zoll- und Einwanderungsbehörde) ließ uns reibungslos passieren.

Unsere Koffer fehlten noch. Die Suche begann. Sie war in der Tat nötig, da auf der gegenüberliegenden Seite der Ankunftshalle Hunderte von Koffern von Gepäckwagen abgeladen wurden. Jeder einzelne Koffer war von den Passagieren zu identifizieren. Das dauerte. Dann kamen endlich unsere Exemplare.

Irgendwo in einer Ecke waren Gepäckwagen zusammengeschoben. Wir griffen uns einen und bemerkten zu spät seinen desolaten Zustand. Austauschen hätte wenig Sinn gemacht, denn die anderen Wagen waren auch nicht besser. So versuchten wir, mit nicht mehr rund laufenden Rädern Kurs zu halten, und mühten uns über und um die Schlaglöcher im Boden der Halle herum. Nur einmal schlug ein Ausweichmanöver fehl. Das Gefährt kam auf einer losen Bodenfliese, deren Untergrund teilweise fehlte, in eine gefährliche Schieflage und schickte zwei unserer Koffer zu Boden. Freuen konnten wir uns jedoch darüber, dass nichts von unserem Gepäck fehlte oder beschädigt war.

Noch waren wir nicht am Ziel. Die nächste Hürde wartete schon: Es galt, Anschluss an unseren Inlandflug zu bekommen. Rita und ich schlossen uns einer Gruppe an, von der wir dachten, dass sie ebenfalls weiterfliegen wollte. Das Innenleben der Flughafenhalle hatte eine ganz eigene Prägung. Lusaka drang durch Augen, Nasen und Ohren in unser Gehirn. Die Ausstattung, die Gerüche und vor allem die Menschen – alles machte unwiderstehlich auf sich aufmerksam.

Nochmals mussten wir Formalitäten erledigen, konnten diese aber schnell hinter uns bringen. Einer planmäßigen Weiterreise stand nichts mehr im Wege. Man bat uns in einen kleinen Nebenraum, und unsere Namen wurden auf der Passagierliste geprüft. Niemand fehlte. Laut Flugplan hätten wir eigentlich noch eine Stunde Aufenthalt gehabt. Eigentlich!

Der Pilot entschied sich nämlich für die pragmatische Lösung: Es ging gleich weiter! Obwohl wir erst vor wenigen Minuten in dieser neuen Welt gelandet waren, lernten wir auch gleich unsere erste Lektion: Dinge des Lebens geschehen hier *any time from now* – jederzeit ab jetzt!

Wenig später befanden wir uns erneut in der Luft. Bei Tageslicht flogen wir durch gelegentliche Wolkendecken über ein Land, das aller Voraussicht nach mehrere Jahre unsere neue Heimat sein würde. Unter uns entdeckten wir auffallend viel Grün und eine ausgedehnte Buschlandschaft. Ein Zeichen, dass die zu Ende gehende Regenzeit dem Land bereits überreich neues Leben gespendet hatte. Hin und wieder konnten wir Straßen erkennen, auf denen sich spielzeuggroße Fahrzeuge bewegten. Natürlich hatten wir uns im Vorfeld über Sambia informiert, hatten einiges gelesen und aufmerksam die Nachrichten verfolgt. Aber im Grunde genommen wussten wir über dieses Land und seine Menschen nichts.

Eine größere Stadt breitete sich unter den Tragflächen aus. Während der Pilot den Landeanflug vorbereitete, ermöglichte uns die Vogelperspektive einen kurzen Überblick über die Stadt. Ein Industriegebiet kam in unser Blickfeld. Ein Verkehrsnetz von Straßen und Eisenbahnschienen zeichnete sich deutlich auf der Landschaft ab. Das musste Ndola sein, der Lebensnerv der Kupfergürtel-Provinz. Der Pilot leitete die Landung ein. Mittlerweile war es 9.15 Uhr.

Kurz darauf hatten wir wieder festen Boden unter den Füßen. Der Flughafen im Landesinnern war bedeutend kleiner. Überhaupt war hier in Ndola vieles anders. Mehr afrikanisch eben. Doch wir waren froh, nach einer wirklich langen Reise endlich unseren Zielort erreicht zu haben.

Weil wir auch hier nicht unangenehm auffielen, durften wir den

Zoll unbehelligt passieren. Eine Handvoll Europäer bewegte sich durch die altertümliche Halle. Ziemlich schnell löste sich die Menschenmenge auf. Jeder schien rasch irgendwo seinen Platz in dieser Welt gefunden zu haben. Einer nach dem anderen verschwand in Begleitung anderer Menschen, die Ankunftshalle leerte sich.

Nur für uns war niemand gekommen!

Zugegeben, wir waren eine Stunde zu früh dran. Der Grund lag in der für Afrika typischen Überzeugung: Menschen sind wichtiger als Zeit. Die Flüge wurden zwar schwarz auf weiß in Flugplänen angezeigt, aber zugleich galt: Flüge konnten jederzeit stattfinden – *any time from now*. Eben *African time*, afrikanische Zeit. Wegen dieses Grundzugs sambischer Mentalität waren wir also zu früh gelandet. Deshalb war niemand für uns da. Niemand hatte uns in unserer neuen Heimat empfangen. Unsere zukünftigen Kollegen rechneten wahrscheinlich viel eher mit einer Verspätung.

Ein freundlicher Untertan seiner Majestät der Königin von England sah uns verloren herumstehen und bot seine Hilfe an. Er steckte uns einige einheimische Münzen zu, damit wir telefonieren könnten. Schnell tippte ich die Nummern, die ich vorsorglich in der Tasche hatte, auf der Tastatur.

Es klingelte und eine Stimme meldete sich.

»Hello.«

»Ja, hello, äh, ich wollte nur sagen, dass wir schon gelandet sind und auf dem Flugpl...«

»Hello, hello.«

Aufgelegt.

Ich war dankbar für die Großzügigkeit des britischen Gentlemans und verbrauchte die restlichen Münzen bei einem zweiten Versuch.

Kurz darauf schallte es durch den Hörer:

»Kamminga, hello.«

»Ja, auch hello, wir sind schon da und warten am Flughafen. Könntet ihr uns bitte ...«

Tut, tut, tut. Aufgelegt.

Was nun? Das Geld war alle und von den freundlichen Untertanen seiner Majestät der Queen war auch niemand mehr zu sehen. Jetzt war es so weit – allein in einer fremden Welt. Allein unter dem weiten, tiefblauen afrikanischen Himmel.

Die Sonne schien heiß auf uns herab und wir saßen auf unseren Koffern buchstäblich wie bestellt und nicht abgeholt. Unser erster Tag in Afrika begann sehr spannend. Ein kleiner Trost blieb uns dennoch. Wir hatten in den wenigen Stunden schon etwas Entscheidendes gelernt. Alles ist möglich – *any time from now.*

Endlich kam Bewegung in unsere missliche Situation. Hupend näherte sich ein rotes Fahrzeug und hielt direkt vor uns. Die Insassen winkten uns fröhlich zu. Jetzt waren wir nicht mehr allein in einer fremden Welt. Unsere neuen Kollegen entschuldigten sich für ihr Zuspätkommen, erklärten, sie hätten das Telefon wohl klingeln hören, aber niemand habe sich gemeldet. Komisch.

Wir verstauten unsere Koffer und quetschten uns selbst in den roten Toyota Land Cruiser. Kaum hatten wir die Schranke zum Flughafengelände passiert, hielten wir auch schon wieder an, um auf dem Seitenstreifen zu parken. Was hatte das zu bedeuten?

Da kam uns ein Auto entgegen, darin das Empfangskomitee der einheimischen Kirche. Am Straßenrand gab es eine Begrüßungszeremonie. Wir wurden einander vorgestellt und der Erste Vorsitzende unserer Partnerkirche, BaMoses, schüttelte uns als Erster die Hände. Er entschuldigte sich für die Verspätung, erkundigte sich ausgiebig nach unserer Reise und hieß uns in aller Förmlichkeit in *Mother Zambia,* Mutter Sambia, willkommen. (Nicht überall begreifen Menschen ihr Heimatland als »Vaterland«!) Seine Begleiter – eine ganze Delegation befand sich an seiner Seite – hielten sich zunächst im Hintergrund. Wahrscheinlich verlief alles nach bestimmten Regeln des Protokolls, die wir aber noch nicht kannten. Nachdem uns alle Mitglieder des afrikanischen Empfangskomitees herzlich begrüßt hatten, fuhren wir in die Stadt.

Der Eindruck, in einer fremden Welt gelandet zu sein, wurde mit jedem Augenblick stärker. Der deutsche Standard gepflegter Straßen fand hier keine Entsprechung. Stattdessen waren Schlaglöcher die ständigen Begleiter eines jeden Autofahrers. Geschwindigkeit blieb eine gedachte Größe. Interessant wurde es jedes Mal, wenn der Gegenverkehr ähnliche Ausweichmanöver vornehmen musste wie man selbst. Besonders bei großen Lastzügen, die sich einem entgegenschlängelten, hätte die Straße manchmal um einiges breiter sein dürfen.

Nicht weit vom Flugplatz entfernt lag eine moderne Wohnanlage. Wenig später tauchten Wellblechdächer von Häusern auf, die wohl noch aus der Kolonialzeit stammten. Ihr ehemaliger Glanz war verblasst und im Laufe der Zeit einem unschönen Rotbraun gewichen. Die Gegensätze in dieser anderen Welt schienen beständig ineinander überzugehen. Neu und alt, groß und klein, farbig und weiß, staubig und windig, gepflegt und verlottert, alles stürmte jeweils gleichzeitig auf uns beide ein: Jederzeit war das Zusammentreffen krasser Gegensätze möglich – *any time from now.*

Irgendwann bogen wir in eine kleine, unscheinbare Nebenstraße ein. Links und rechts standen blühende Bäume und Büsche Spalier und ragten teilweise bogenartig in die Fahrbahn hinein. Sie endete als Sackgasse mit einem *roundabout* (Kreisverkehr). Eigentlich hätten wir eine Dreiviertelrunde drehen und dann auf das Gelände einbiegen müssen, aber Jan sah das nicht so eng. Wir kürzten ab und kurz darauf gähnte uns ein breites Loch in einer Mauer an. Langsam schoben wir uns durch die Einfahrt und fuhren in einen geräumigen Innenhof. Jetzt also waren wir am Ziel. Vorerst.

Ndola – »Willkommen in der freundlichen Stadt«

In Ndola, einer wichtigen Stadt im sogenannten *Copperbelt* (Kupfergürtel), etwa 320 km nördlich von Lusaka gelegen, begann unser afrikanisches Leben. Aus einem ehemaligen Umschlagplatz für Sklaven war 1904 eine Stadt geworden. Noch heute erinnert der *slave tree*, der Sklavenbaum – es ist ein Mukuyubaum –, an diese Zeit. In den folgenden Jahrzehnten hatte Ndola zunehmend an wirtschaftlicher Bedeutung für die Provinz gewonnen. Inzwischen leben in Ndola etwa 400 000 Menschen.

Ein Netz von Straßen verband das Zentrum mit den vielen Ecken und Enden der Stadt, die eine große Vielfalt an Gebäuden aufzuweisen hatte, die nicht unbedingt in Reih und Glied standen, sondern auch mal in beliebiger Anordnung und oft mit ansehnlichem Gelände um die einstöckigen Wohnhäuser herum. Manche dieser Bauwerke hatten eine Biografie, die bis weit in die Zeit vor der Unabhängigkeit im Jahre 1964 zurückreichte.

Nicht zu übersehen waren die Jacaranda-Bäume, die eine Gattung innerhalb der Familie der Trompetenbaumgewächse *(Bignoniaceae)* bilden. Vor allem die blaue, ins Violette spielende Jacaranda-Pracht war allgegenwärtig und höchst beeindruckend. Blau als Farbe schien auch sonst dominant zu sein. Häuser, Läden, Busse und Taxis trugen die Himmelsfarbe zur Schau. Ob hier noch ein ästhetisches Element der britischen Zeit mit ihrer Vorliebe für *royal blue* (Königsblau) weiterlebte?

Der Verkehr war gewöhnungsbedürftig. Fahrzeuge mit Solobesetzung waren eher selten. Bemerkenswert waren auch die Vehikel und Fortbewegungsmittel, die sich auf den Straßen tummelten. Generell schien die halbe Stadt ständig unterwegs und in Bewegung zu sein. Manches Gefährt war jenseits von Gut und Böse: Es bewegte sich, doch von Fahren konnte kaum die Rede sein und von Sicherfahren oft noch weniger. Auch dann nicht, wenn man gewillt war, beide Augen des Gesetzes zuzudrücken.

Straßen schienen hier noch eine andere Funktion zu besitzen. Sie dienten nicht nur dem Verkehr, sondern waren allerorts der verlängerte Arm des Marktes. Improvisierte Stände säumten die *avenues*. Außer diesen stationären Angeboten am Straßenrand gab es die *street vendors*, die Straßenhändler. Wer stehen blieb oder stehen bleiben musste, hatte augenblicklich von einem oder mehreren von ihnen Besuch. Natürlich wollten sie in kürzester Zeit möglichst viele ihrer Produkte an den Mann und auch an die Frau bringen. Die Tageszeitung, Früchte und Gemüse, billigen Schmuck oder auch nur Süßigkeiten – die »wandelnden Tante-Emma-Läden« auf Ndolas Straßen boten alles feil. Oft sah man auch Karawanen von Frauen, die auf ihren Köpfen Körbe und Wannen trugen, die vollgestopft waren mit allem, was sie zum Verkauf anzubieten hatten. Sie verstärkten das Image der Straße, die Fortsetzung des Marktes zu sein. Überall kam die Farbenpracht der Bäume und Büsche zur Geltung; ein Meer von Rot, Grün, Blau und Lila umgab das bunte Treiben auf den Straßen. Gehwege waren fast nur in der Stadtmitte auszumachen. Sie hätten die Menschenmassen ohnehin nicht bewältigen können.

Eine wichtige Anlaufstelle war die Post im Zentrum der Stadt. Briefe und Päckchen wurden hier nicht ins Haus geliefert. Alles wurde mittels Postfächern organisiert, die man mieten konnte bzw. musste. In der Regel bediente so ein Postfach einen ganzen Familienklan. Für viele Sambier war die jährliche Postfachmiete allerdings schlicht nicht bezahlbar, sie benötigten das Geld für dringendere Ausgaben.

Ganz gleich, aus welcher Seite man nach Ndola hineinfuhr, immer hieß es: *Welcome to Ndola the friendly City* – »Willkommen in Ndola, der freundlichen Stadt«.

Zu unseren täglichen Wegen gehörten bald das Post-Office und der Fratinda Shop. Im Postamt lagerten unsere »Aufputschmittel«. Wenn wir Briefe oder Päckchen bekamen, fühlten wir uns wie jemand, der große Beute macht. Allerdings gab es auch Tage, an denen wir mit leeren Händen den Heimweg antreten mussten. Der Fratinda Shop versorgte uns täglich mit frischer Milch. Aus der Milch machten wir leckere Sachen. Und wir gewannen Sahne für schöne Kuchen nach deutscher Art.

22

Es gab viel Neues, an das man sich gewöhnen musste. Die Morgenstunden waren anders als in Europa keine sich entfaltende Zeiteinheit, sondern ein Ereignis des Augenblicks, von der Kraft der Sonne regelrecht verschlungen und in kürzester Zeit mit tropischer Hitze angereichert.

Ähnlich war es abends. Die Abenddämmerung verlief wie im Zeitraffertempo. Die gleißende Sonne wich einer angenehmen Milde. Noch bevor man jedoch die erhoffte Abendromantik genießen konnte, wurde es plötzlich und endgültig Nacht.

Zunächst sollten wir uns einleben und vor allem Augen und Ohren aufsperren. Als Untermieter wohnten wir bei unseren Kollegen Jan und Tineke in ihrem ausreichend großen und schön gelegenen Haus. Sie waren Holländer und vier Jahre vor uns nach Sambia gekommen. Ein Zimmer mit Bad war unsere erste Bleibe. Wir waren zufrieden und klinkten uns, soweit es passend war, in ihr Familienleben ein.

Die Sprachenvielfalt, die uns begegnete, war beeindruckend. Mit unseren Kollegen wurde deutsch gesprochen, untereinander redeten sie holländisch, kamen Besucher, schwenkten wir um auf Englisch. Die Angestellten regelten ihre Angelegenheiten in Bemba. Kam Besuch vom Vorstand des Gemeindeverbandes oder anderen Gemeindegliedern, hörten wir Lamba. Dass der Turmbau zu Babel solch ernste Folgen für uns hatte, war nicht nur romantisch, exotisch oder aufregend. Es war mitunter beschwerlich.

Unsere deutschen Kollegen waren zu unserer Begrüßung extra den langen Weg (etwa 800 km) in die Stadt gekommen. Sicherlich waren damit auch praktische Angelegenheiten verbunden, wie einkaufen, Behördenangelegenheiten und Papierkram erledigen, Besuche machen und einen Hauch von Stadtleben genießen. Auf der Fahrt hatte es einen Steinschlag gegeben und die Windschutzscheibe ihres Cruisers war in tausend Scherben geborsten. Jetzt hatten sie beim Fahren zwar reichlich frische Luft, was aber auf Dauer keine Lösung sein konnte.

72 km – und dann rechts in den Busch

Eine neue Frontscheibe beim Autohändler oder im Fachgeschäft zu kaufen war unabdingbar. Die aber musste aus Übersee beschafft und per Luftfracht eingeflogen werden. Bis dahin brauchte man eine Zwischenlösung. So kam es zu meiner ersten Überlandfahrt in Sambia. Michl war ortskundig, übernahm die Navigation und den *driver's seat* – den Fahrersitz.

Unser Ziel war Mpongwe, eine größere Missionsstation der schwedischen Baptisten südlich von Ndola und etwas abseits gelegen. Dort gab es eine Werkstatt, die so ziemlich für alle Probleme Lösungsvorschläge anzubieten wusste.

Die Ausschilderung auf den Straßen war recht eigenwillig und ließ oft zu wünschen übrig; häufig fehlte sie ganz. Die Abzweigung nach Mpongwe wurde etwa so angezeigt: Nach 72 km rechts abbiegen und der *gravel road* – also der ungeteerten Straße aus kleinen Steinen und grobem Sand – folgen.

In Mpongwe konnte uns in der Tat geholfen werden. Aus einem größeren, etwa 6 mm starkem Stück Plexiglas schnitten wir die neue Scheibe aus und setzten sie in den Rahmen ein. Jetzt machten sich die Kenntnisse und Erfahrungen bezahlt, die ich als Jugendlicher beim Reparieren alter Autos gewonnen und in England in Peters Autowerkstatt vertieft hatte. Obwohl die provisorische Ersatzscheibe natürlich nicht so stabil war wie eine richtige aus Glas, waren wir mit der afrikanischen Lösung mehr als zufrieden. Ein erfolgreicher Tag!

Nach einer guten Tasse Kaffee bei den schwedischen Freunden machten wir uns auf den Heimweg. Zuerst ging es auf der *gravel road* wieder für eine ganze Weile durch den Busch. An deren Ende dann wieder links abbiegen und 72 km geradeaus nach Haus.

Ein Plattfuß macht uns Ärger

Wegen unserer Absicht, für längere Zeit in Sambia zu leben und zu arbeiten, wurde die Anmeldung bei der deutschen Botschaft in Lusaka nötig. Eine Fahrt in die Hauptstadt stand an. Schon früh gingen wir deshalb zu Bett, weil der morgige Tag stressig werden würde und wir bei Tagesanbruch aufbrechen wollten. Bevor es hell wurde, klingelte der Wecker. Von »Gnade vor Recht« hatte das Ding noch nie etwas gehört. Er lärmte, bis ich ihm »eins aufs Dach« gab.

Brot, Butter, Marmelade und Kaffee halfen, den Kreislauf in Schwung zu bringen, und sorgten für eine gute Grundlage am Morgen eines neuen Tages in Afrika. Wie geplant verließen wir das noch in Dunkel gehüllte Haus. Ein tiefes grollendes Geräusch störte das Schweigen der Nacht und der Land Cruiser stahl sich vom Hof. Wie leer gefegt waren die Straßen um diese Zeit. Erstaunlich, wie viel Fahrbahn einem plötzlich zur Verfügung stand. Zielstrebig folgten wir dem richtigen Weg, und gerade als der neue Tag sich definitiv zeigte, verließen wir Ndola, die freundliche Stadt, in südlicher Richtung.

Zügig und ohne Störung ging es auf der noch wenig befahrenen »Autobahn Süd« voran und schon bald hatten wir Kapiri Mposhi erreicht, unsere erste Station. Nur noch 206 km bis nach Lusaka. Immer mehr Autos mischten den Verkehr auf und erhöhten die Wahrscheinlichkeit, unliebsame Überraschungen zu erleben.

Autofahrten waren hier eben immer auch ein Wagnis. Wenn es nötig war, wurde der Seitenstreifen von Überlandstraßen kurzerhand zur Werkstatt umfunktioniert, in der man Reparaturen aller Art durchführte: Motoren, Getriebe, Achsen, einfach alles wurde an Ort und Stelle wieder instandgesetzt. Zum Teil gab es zeltlagerartige Niederlassungen am Straßenrand, in denen gelebt, geschlafen, gekocht, gewartet und gearbeitet wurde.

Es war nicht mehr zu leugnen: Die afrikanische Hitze legte sich auf das Land und drang in unseren Wagen. Wie gut, dass bereits mehr als die Hälfte der Strecke hinter uns lag. Die Landschaft bot wenig

Abwechslung. Ab und zu ging es bergauf – und dann wieder bergab. Aber meist ging es geradeaus. Einfach nur geradeaus. Streckenweise säumte zwei Meter hohes Elefantengras links und rechts den Straßenrand, dahinter breitete sich Buschland aus, so weit das Auge reichte.

Trotz der massiven Karosserie des Land Cruisers wurden wir ganz schön durchgeschüttelt. Schlaglöcher, manchmal bis zu 40 cm tief, zwangen uns, die Fahrt zu verlangsamen und hin und wieder auch anzuhalten. Eine lang gezogene Kurve brachte Abwechslung in die monotone Geradeausfahrerei. Mit einem Seufzer schlängelten wir uns an einem liegen gebliebenen LKW vorbei.

Plötzlich passierte es. Mit brachialer Gewalt zog es das Steuerrad nach rechts. Michl war hellwach. Ein bekanntes, aber ganz und gar ungeliebtes Geräusch drang an unsere Ohren, metallisch kündete es von nahem Unheil.

Gleichmäßig holpernd walzte sich die Felge des rechten Vorderrades über den Asphalt in Richtung linken Fahrbahnrand. Wir hatten einen Plattfuß. Hoffentlich war der Reifen heil geblieben! Nun waren also wir an der Reihe, unsere »Straßenrandwerkstatt« einzurichten. Schnell postierten wir zwei Warndreiecke. Normalerweise legte man Steine oder Äste auf die Fahrbahn, um auf Behinderungen aufmerksam zu machen. Dann holten wir Wagenheber und Bordwerkzeug hervor und machten uns an die Arbeit.

Die Sonne brannte uns unablässig ins Genick. Keine 20 Minuten, und man wusste nicht mehr, was einem eher den Schweiß aus den Poren trieb: die Arbeit am Auto oder der Feuerball am Himmel. Während wir uns mit der Reparatur abmühten, musste ich daran denken, was alles hätte passieren können. Ein Plattfuß war schon vielen Fahrern auf Sambias Straßen zum Verhängnis geworden. Gefahren lauerten überall. Sie konnten Menschen ins Verderben stürzen – *any time from now.*

Neues Leben – neue Rollen

Unsere holländische Gastfamilie hatte besondere Umstände zu bewältigen: Tineke war »in anderen Umständen« und musste schon kurze Zeit nach unserer Ankunft zur Geburt des neuen Familienmitglieds nach Europa fliegen. Auch unsere Umstände änderten sich.

Dies galt in besonderer Weise für Rita. Ihr fiel die Aufgabe zu, unsere Wohngemeinschaft von sechs Personen zu verköstigen. Was die Gemüse-Service-Männer nicht auf ihrem mobilen Fahrradmarkt ans Haus lieferten, wurde auf dem großen Markt in der Stadt besorgt. Alle ein oder zwei Tage schauten die Service-Männer bei unserer Wohngemeinschaft am Ende der Einbahnstraße vorbei. Immer waren es dieselben Personen. Hoch beladen schoben sie ihre Zweiräder in den Hof, auf denen große Körbe mit allen möglichen Gemüsesorten festgezurrt waren.

Das Feilschen um den Preis gehörte zu einem ordentlichen Geschäft. Als besondere Aufmerksamkeit galt der *mbasela*, die Extrazugabe, zu vergleichen etwa mit der Scheibe Wurst in der deutschen Metzgerei, die der Kunde zum Einkauf dazubekommt. Der Speiseplan verlangte Flexibilität, weil er sogenannte »Elia-Besuche« zu berücksichtigen hatte. Damit waren unerwartete, ohne Vorwarnung erschienene Gäste gemeint, die ganz selbstverständlich einen Platz am Mittagstisch erhielten. Und das kam nicht selten vor.

Dann war da noch die Sache mit der Schule. Antje, die älteste Tochter von Jan und Tineke, war gerade Erstklässlerin geworden und lernte schreiben und lesen. Sie besuchte die englische Schule in der Stadt. Rita gab ihr täglich Übungsstunden in beiden Fächern. Innerhalb kurzer Zeit waren Rita im neuen Leben neue Rollen zugefallen.

BaBenson

In den Pausen und nach Feierabend machte ich mit BaBenson die ersten Vorstöße in die Bembasprache. BaBenson – »Herr Benson« – war der Angestellte, der für die Außenanlage, den Garten und anderes zuständig war. Wir saßen zum Lernen auf der Treppe vor dem Haus oder rückten uns passende Sitzgelegenheiten auf der Veranda zurecht. Für BaBenson bedeutete dies einen Rollentausch. Plötzlich schlüpfte er in die Rolle des Lehrers.

BaBenson war eigentlich kein Stadtmensch. Er war irgendwo aus dem Norden gekommen und hatte sein Glück in der Stadt gesucht. Irgendwie war er bei Kammingas gelandet, die ihm Arbeit und damit Lohn und Brot gegeben hatten.

Frühmorgens kam er immer mit seinem Fahrrad angeradelt. Er wohnte in einem *compound,* in einem der lausigen Viertel der Stadt, war verheiratet und hatte Kinder. Er hielt sehr viel von Routine.

Morgens war sein erster Gang in sein »Büro«. Nun ja, es war eigentlich nur ein einfacher Raum, in welchem ein ganzes Sortiment wichtiger Utensilien seinen Platz fand. Dort zog er sich um, schlüpfte in seinen Overall, verstaute seine Sachen, nahm seine Umgebung prüfend in Augenschein und machte sich daran, die täglichen Geschäfte in Angriff zu nehmen. Zum Feierabend gab es die obligatorische Dusche, dann machte er sich fein, schwang sich auf sein Fahrrad und rollte als gemachter Mann durch die Straßen der Stadt.

Zurück zu seinem »Lehrersein«. In England hatte ich Erfahrung gesammelt, wie man sich einer solchen Aufgabe der Spracherlernung nähern und Fortschritte machen kann. Die jetzige Situation war jedoch völlig anders. Begonnen wurde mit der Grundausstattung, die ein Ausländer draufhaben sollte: Grußformeln und Bezeichnungen für diverse Gegenstände des täglichen Lebens.

BaBenson konnte so ziemlich alle meine Fragen bezüglich des »Wie sagt man das in Bemba?« beantworten. Immer lieferte er komplette (und sicher richtige) Satzeinheiten. Die Frage nach dem »Warum sagt man das so in Bemba?« war allerdings eine völlig andere Kategorie. Damit konnte er oft nichts anfangen. Es ist eben so!

Offensichtlich prallten hier zwei unterschiedliche Vorstellungen von Lernen aufeinander. Er war glücklich, wenn ich ihm Sätze, die wir vorher zusammengestellt hatten, im Wiederholstil nachzusagen vermochte. Auf die Dauer blieb jedoch der Spaß auf der Strecke. Ich wollte Prinzipien entdecken, auf deren Basis ich selbstständig an der Sprache »basteln« könnte. Eine Hürde war, ihm verständlich zu machen, was Europäer unter Lernen verstehen.

Um das zu erreichen, musste ich mehr Vorarbeit leisten. Ich machte mir Gedanken, wie ich durch eine systematische Vorgehensweise diese Prinzipien entdecken und dann anwenden könnte. So formulierte ich zum Beispiel gezielt Sätze oder Fragen mit allen Personalpronomen in Englisch. Die jeweilige Entsprechung in Bemba lieferte mir die Personalpronomen, die ich dann wieder in anderem Zusammenhang anwenden konnte.

Im Laufe der Jahre, in denen ich die Sprache besser lernte, hatte ich mehrmals ähnliche Situationen zu meistern, in denen ich meinen Lehrern zuerst deutlich machen musste, wie ich mir lernen vorstellte. BaBenson hat mir damals in den Feierabendstunden jedenfalls geholfen, einen Anfang in einer afrikanischen Sprache zu machen.

Eines Morgens kam Jan mit einer glorreichen Idee auf mich zu. Für seine Buben habe er sich ein Baumhaus und eine Schaukel mit Klettergerüst vorgestellt. Ich solle das in die Hand nehmen. Sambia war Ende der 1980er-Jahre ein interessanter Platz. Kreativität durfte, ja musste man in reichlichem Maße walten lassen.

Holz für unser Projekt konnte man bei der Forstverwaltung (mit Geduld) beziehen. Andere Dinge mussten bei einem Einkaufsrodeo in der Stadt zusammengesucht werden. Dennoch konnten wir nicht alles finden.

Werkzeug hatte Jan kaum. Handwerk war nicht sein Ding. Hammer, Axt und Schaufel und ein minimal ausgestatteter Werkzeugkasten waren so ziemlich sein ganzes Repertoire. Schon allein das ließ die gestellte Aufgabe zu einer besonderen Herausforderung werden. Dann stellte sich heraus, dass in der ganzen Stadt keine Ösen zum Einhängen der Schaukel aufzutreiben waren. Zusammen mit BaBenson richteten wir eine Feldschmiede ein, um selber Ösen anzufertigen, die wir an lange Schrauben anschweißten. Derlei Umwege waren des Öfteren nötig.

Nachdem das Projekt glücklich fertig war, konnten Jans Buben es voller Begeisterung in Besitz nehmen. Das Baumhaus und die Schaukel wurden zu ihrem erklärten Reich, in dem sie uneingeschränkt mit ihren afrikanischen Freunden herrschen konnten.

Führerscheinprüfung

Neben anderen Formalitäten, die es für *residents* – Menschen, die in Sambia eine Arbeitserlaubnis hatten – zu erledigen gab, war auch eine sambische Führerscheinprüfung vorgeschrieben. Deswegen wurden wir beim *Road Traffic* (»TÜV«) vorstellig, dessen Domizil unmittelbar neben dem Flughafengelände lag.

»Wir möchten uns gerne für die Fahrprüfung anmelden«, gaben wir dem Herrn, nennen wie ihn einfach mal Herrn Phiri, hinter seinem großen Schreibtisch zu verstehen.

Herr Phiri kramte in dem Vielerlei, das sich auf seinem Schreibtisch breitgemacht hatte, und wurde schließlich fündig.

»Bitte füllen Sie diese Formulare aus. Sie müssen sich für die Prüfung in Theorie und Praxis vorbereiten, verstehen Sie?«

»Yes, Sir. We understand« – ja, wir haben verstanden.

Zur Vorbereitung auf die theoretische Prüfung gab es ein legendäres, wenn nicht gar sagenumwobenes Buch. Wir hatten davon schon gehört. Auf unsere Frage, ob wir bei ihm solch ein Buch für die Theorie kaufen könnten, winkte er ab und meinte, die seien gerade nicht vorrätig. Wo wir denn so ein Exemplar bekommen könnten, wollten wir von ihm wissen. Darauf zuckte er mit den Achseln und machte uns mit einem breiten Lächeln viel Mut zu Alternativen.

Irgendwo aus einer Schublade kramte Jan dann doch so ein Theoriebuch hervor. Es sah jämmerlich aus. Womöglich hatte es schon viele Generationen vor uns in seine Geheimnisse eingeführt. Wir vertieften uns darin, so gut es ging. Einige Zeit später suchten wir erneut den »TÜV« auf. Mit den ausgefüllten Formularen standen wir wieder im Büro von Herrn Phiri und vor seinem großen Schreibtisch.

»Oh, Sie sind schon zurück«, meinte er.

»Schon« war gut. Über zwei Wochen waren seit dem letzten Treffen vergangen. Wir reichten ihm die ausgefüllten Anträge, die er großzügig auf einen Stapel anderer Papiere platzierte. Uns interessierte natürlich brennend, wie es nun weitergehen würde. Durch das

Fenster konnten wir sehen, wie vor seinem Büro ein Fahrzeug hin- und herrangierte. Rückwärts, vorwärts, rückwärts.

So langsam wie irgend möglich schob der Wagen sich rückwärts durch einen Parcours, der links und rechts von großen Blechfässern begrenzt war. Jeder Prüfling musste diese Übung fehlerfrei absolvieren, wenn er die praktische Prüfung bestehen wollte. Das fing ja schon interessant an.

Natürlich hatte Herr Phiri bemerkt, was unsere Aufmerksamkeit erregt hatte. Er lächelte. Erklärungen gab er keine. Nur so viel fügte er an:

»Sie müssen für die Prüfung Ihr eigenes Fahrzeug bereitstellen und damit hier antreten.«

Das klang nach Heimvorteil, relativierte sich aber ziemlich schnell. Zunächst hatten wir gar kein eigenes Fahrzeug, und Jans Wagen war ein alter VW-Bus. Der war eckig, sperrig und hatte seine Mucken. Damit versprach die »Blechfässerprüfung« zu einem besonderen Erlebnis zu werden.

An den folgenden Tagen absolvierten wir in Jans Hof Übungseinheiten. Die Angelegenheit mit der Führerscheinprüfung und all den anderen Neuerungen, die unser Leben hier mit sich brachte, besprachen wir täglich mit unserem Gott. Auf seine Güte und Hilfe konnten wir uns verlassen. Das war gut zu wissen.

Jans Bus hatte ein großes Handicap: die Schaltung. Der Schaltknüppel war ein senkrecht in die Luft ragender Eisenstab ohne einen Knauf an seinem oberen Ende. Irgendwie und irgendwann war das Ding abhanden gekommen. Schaltvorgänge erhielten auf die Weise oft nicht die ruhige Zustimmung des Getriebes, sondern waren hörbare Transaktionen.

So konnte es nicht bleiben. Ich entschloss mich, einen Knauf zu fertigen, und suchte mir dazu geeignetes Holz. Die Schnitzarbeiten führten schließlich zu einem brauchbaren Ergebnis. Mit einem entsprechenden Loch versehen, bekam der knauflose Metallknüppel einen neuen Kopf; das einwandfreie Hoch- und Runterschalten der Gänge war wieder möglich.

Endlich kam der Tag unserer Fahrprüfung. Wir waren allerdings schon vorgewarnt: Man müsse damit rechnen, die Prüfung nicht zu bestehen. Damit würden erneut Gebühren fällig und man wolle eventuell auch demonstrieren, wer in *Mother Zambia* den Ton angebe.

Wie auch immer. Es half nichts und wir traten zur Prüfung an. Herr Phiri wies uns für den praktischen Teil einen Prüfer zu, einen jüngeren Mann, der den Auftrag sichtlich zufrieden übernahm. Wahrscheinlich fühlte er sich richtig gut dabei, ein paar *Musungus* (Weiße) einer Prüfung unterziehen zu können. Bevor es wirklich zur Sache ging, wollte er wissen, wie lange ich schon einen Führerschein hätte.

»Für das Auto etwa zehn Jahre und für Zweiräder noch einige Jahre länger«, antwortete ich ihm.

In einem Nebensatz erwähnte ich noch, dass ich bereits in *UK (United Kingdom,* Großbritannien) einige Zeit Auto gefahren sei. Das imponierte ihm sichtlich und er meinte:

»Sie sind schon länger ein Autofahrer als ich. Ich denke, die Übung mit Rückwärtsfahren zwischen den Blechfässern hindurch können wir uns sparen.«

»*Let's get into town*« – dann mal los in die Stadt.

Der junge Herr Prüfer gab die Richtung vor und Jans VW-Bus brachte uns in die Innenstadt. Unterwegs wollte er wissen, was uns nach Sambia führe. Großbritannien sei doch ein viel besserer Platz, um ein gutes Leben zu führen.

»Ja, das mag schon sein«, stimmte ich ihm zu.

»Aber«, fuhr ich fort, »ein gutes Leben ist für mich mehr, als komfortabel zu wohnen. Außerdem sind Missionare flexible Menschen.«

Er bemerkte: »Ein Geistlicher bei der Prüfung, da kann ja nichts schiefgehen.«

Ein wenig später meinte er dann: »Ich will nur wissen, wie Sie hier bei uns mit dem Linksverkehr zurechtkommen.«

Er ließ mich *roundabouts* (Kreisverkehr), Einbahnstraßen, Kreuzungen mit und ohne Ampel fahren.

Nach einer halben Stunde meinte er: »*How about you, Madam? Can you drive us back?*« (»Wie steht es mit Ihnen, meine Dame? Können Sie uns zurückfahren?«)

Aber gewiss doch – *any time from now*. Rita setzte sich hinter das Steuer, erster Gang – und wir waren unterwegs. Kreuz und quer ging es durch die Stadt, bis wir schließlich wieder beim »TÜV« einbogen. Jans VW-Bus hatte uns nicht blamiert.

Der Herr Prüfer war ebenfalls zufrieden, gratulierte uns und meinte, wir sollten hin und wieder ein gutes Wort für ihn beim *good Lord*, dem guten Gott, einlegen. Bei Herrn Phiri gab es die Bestätigung der bestandenen Prüfung. Von der Theorieprüfung war keine Rede mehr. Der *good Lord* sieht und hört uns – *any time* (jederzeit), *any place* (an jedem Ort).

Noch hatten wir allerdings die Führerscheine nicht in der Tasche. Passfotos durften nicht in Farbe – solche hatten wir ausreichend parat –, sondern mussten in Schwarz-Weiß sein.

Manchmal ist die Welt einfach kompliziert. Vielleicht lag es aber auch daran, dass der Mensch generell geneigt ist, Dinge im Leben in »Schwarz-weiß« zu sehen. Wie auch immer. Es musste sein.

In einem Laden in der Stadt, der – wie viele andere auch – einem Inder gehörte, konnten Passfotos geschossen werden. Das Ergebnis hatte rein praktischen Wert (zu mehr hätte es wahrlich nicht getaugt) und mit unserer Beute fuhren wir zur Führerscheinstelle auf dem Rathaus. Natürlich waren wieder Formulare auszufüllen, die dann reichlich mit Unterschriften und Stempeln versehen wurden. Schließlich war alles fertig. Wir durften uneingeschränkt fahren.

»Das ist verboten« – Die erste Rüge

Die ersten Wochen vergingen wirklich schnell, zumal die Tage tatsächlich kürzer waren und es einfach mehr Zeit in Anspruch nahm, sein Leben zu organisieren. Am 12. Breitengrad südlich des Äquators sind die Tages- und Nachtabschnitte ziemlich ausgeglichen auf die 24 Stunden verteilt.

Vor Überraschungen war man jedoch nie gefeit. Ständig musste man damit rechnen, mit der so ganz anderen afrikanischen Lebenswirklichkeit konfrontiert oder in Abenteuer verwickelt zu werden. Überhaupt lief das Leben wesentlich weniger »nach Plan« und das wurde von unserem neuen Umfeld offensichtlich auch nicht angestrebt.

Es war auffallend, wie viel man selbst, also in Person, zu erledigen hatte. Hier war es wichtig, Dinge von Angesicht zu Angesicht zu regeln. Auch deshalb waren täglich Fahrten in die Stadt zu machen. Sprechen konnte man am Telefon. Besprechen, verhandeln oder Probleme lösen musste man in der persönlichen Begegnung.

Durch die praktischen Projekte, die liefen, und die fälligen Reparaturen, wenn Dinge »ihren Geist aufgaben«, waren immer wieder Teile, Nachschub oder Material zu besorgen. Tagsüber empfand ich die warmen Temperaturen als angenehm. Für Deutsche das richtige Wetter, die kurzen Hosen auszupacken und »luftig« zu werkeln.

Einmal musste ich in einer bestimmten Angelegenheit in die Stadt. Weil ich gerade an einer handwerklichen Arbeit war und so schnell wie möglich weiterkommen wollte, verzichtete ich, um nicht unnötig Zeit zu verlieren, auf einen Kleiderwechsel und fuhr im Sommerdress (Shorts) los.

Damals war mir noch nicht klar, dass die Stadt nicht nur Läden, Geschäfte und Waren hatte, sondern vor allem auch Augen besaß. Diese waren weder künstlicher Art und an Wänden installiert noch gehörten sie anonymen Stadtgängern. Nein, sie gehörten Menschen, die wiederum andere Menschen kannten, und man konnte »jederzeit ab jetzt« in ihr Fadenkreuz geraten.

Einige Tage später sprach mich eine unserer Missionsschwestern an. Ich merkte, sie wollte mir etwas sagen, aber offenbar fiel es ihr schwer, ihr Anliegen klar auszusprechen. Über Umwege näherte sie sich ihrem Thema, bis sie es schließlich doch herausbrachte:

»Da neulich«, meinte sie, »bist du in kurzen Hosen in der Stadt gewesen.« Der Vorsitzende unserer Partnerkirche habe mich gesehen und sei *surprised* (überrascht) gewesen.

»In welcher Weise war er denn überrascht?«, hakte ich nach.

»Ja, weißt du, er war überrascht, weil du in kurzen Hosen in der Stadt warst.«

»Ich sehe aber ständig Männer in kurzen Hosen in der Stadt«, warf ich ein.

»Ja«, schob sie nach, »aber es gibt da schon einen Unterschied.«

»Angemessene kurze Hosen«, kommentierte sie, »sind lange Shorts, zu denen Schuhe und Strümpfe, die bis über die Waden reichen, gehören. Kürzere kurze Hosen sind in den Freizeitbereich einzuordnen oder gelten als jungenhaftes Kleidungsstück.«

Aha. Da war also etwas schiefgelaufen. Kulturelle Welten waren aufeinandergetroffen, die nicht zusammenpassten, und hatten eine entsprechende Reaktion ausgelöst. Ich nahm die Sache ernst und überlegte, wie ich meine zukünftige kurze Ausgehuniform zu arrangieren hätte. Da kam mir plötzlich ein Bild in den Sinn.

Vor meinem inneren Auge tauchte eine Gestalt auf, die ich als Junge in der damals beliebten Kinderserie »Daktari« gesehen hatte. Hedley hieß der Mensch, der mit »langen« kurzen Khakihosen, festen Schuhen, hochgezogenen Kniestrümpfen, Hut und schulterklappenbesetztem Hemd immer für eine lustige Nummer gesorgt hatte. Eindrücklich und in voller Montur schob Hedley sich aus der Erinnerung in meine jetzige Welt.

Je länger Hedley aber so vor mir stand, desto grotesker kam mir seine Erscheinung vor und ich verwarf alle weiteren Ambitionen, es dem Daktari-Hedley auch nur annähernd gleichzutun. Ich beschloss, fortan in der Öffentlichkeit nur noch mit langen (wirklich langen) Hosen zu erscheinen!

Zu denken gab mir die Art und Weise des Kommunikationsweges. Eine direkte Beobachtung wird einer dritten, unbeteiligten Personen mitgeteilt mit dem unausgesprochenen Auftrag, sie weiterzuleiten an die beteiligte Person, in der Erwartung, diese werde entsprechende Konsequenzen daraus ziehen. Etwas sauer war ich schon auf John, den Würdenträger unserer Partnerkirche.

Damals war ich der Meinung, solche Angelegenheiten könnten sehr wohl von Mann zu Mann geregelt werden. Als ich in England bei John, dem Pastor, wohnte, gab er mir, wenn er Deutsch üben wollte, immer einen seiner Lieblingssätze zum Besten: »Das ist verboten!«

Genauso hätte es der sambische John doch auch anstellen können. Er hätte doch ohne Weiteres auf mich zukommen und eine klare und deutliche Aussage machen können. »Das ist verboten« hätte ich auch in Englisch verstanden.

Aber so lief es hier nicht. Ich machte die Erfahrung, dass eine Mittelsperson eingeschaltet wird, wenn die Missachtung kultureller Werte kommuniziert werden soll.

Das beobachtete ich im Laufe der folgenden Jahre noch öfter und ich lernte, dass gerade das Beherrschen der indirekten Art der Kommunikation eine wesentliche Fähigkeit im und für den Gemeindedienst ist. Direkte Kommunikation, die Konfrontation bedeuten würde, ist in diesem Teil der Welt nicht hilfreich und kann unter Umständen erheblichen Schaden anrichten.

»Josua erobert Jericho«
– Die erste Predigt

Sonntags besuchten wir eine englischsprachige Gemeinde in der Nähe unseres Wohnorts. Ihr Name lautete: *Hill Crest Baptist Church*. Hill Crest war ein Ortsteil von Ndola. Überhaupt nannten sich viele Kirchen nach dem jeweiligen Ort bzw. Stadtteil.

Weil Jan in Hill Crest verantwortlich mitarbeitete, lag es nahe, dass auch wir am Gemeindeprogramm teilnahmen. Teilnehmen bedeutete für mich bereits am dritten Sonntag die Predigt im Hauptgottesdienst. Der Predigttext war nicht frei zu wählen, sondern man erwartete von mir, die laufende Predigtreihe fortzusetzen. Die ging gerade über das Buch Josua. An jenem Morgen stand Kapitel sechs auf dem Plan: Josua erobert Jericho.

Ich saß lange an der Vorbereitung. Jedes Wort schrieb ich auf. Aus dem Homiletik-Koffer zog ich eine klassische Gliederung und arrangierte den Text an den drei Hauptgedanken entlang. Ich gab mir wirklich Mühe. Und doch blieb ein Rest innerer Unsicherheit und Unzufriedenheit. Es beschlich mich das Gefühl, dass die präparierte Predigt bei aller »Richtigkeit« wenig mit dem Leben der Zuhörer zu tun habe und auch die Dramatik, die der Bibeltext ja bot, nicht ausreichend rüberkomme.

Schließlich war der Sonntag da. Während Josua um die Mauern Jerichos zog und die Einwohner der Stadt mit Schrecken dem drohenden Unheil entgegensahen, hatte ich nur einen Gedanken: »Hauptsache, *du* kommst heute lebend aus dieser Geschichte heraus.«

Die Hill-Crest-Gemeinde traf sich nicht nur am Sonntag zum Gottesdienst, auch während der Woche kamen kleinere Gruppen in den Häusern der Gemeindeglieder zusammen. In Jans Haus traf sich solch ein Kreis zum wöchentlichen Gebet. Zu diesem Kreis gehörte auch BaChikalekale. BaChikalekale war eine der charismatischen Figuren der Kirche. Er konnte unglaublich engagiert, vor allem aber lange beten.

Hin und wieder tauchten Geschichten auf, die erzählten, auf welch abenteuerliche Weise die finanzielle Situation der Gemeinde aufgebessert wurde, konkret: durch die »Geschäftstüchtigkeit« einzelner Personen, die in sehr loser Weise mit ihr verbunden waren. Die Rede war von Edelsteinen, deren Vermarktung bzw. Verschiebung. Die Grenzen waren fließend. Wie die Dinge wirklich lagen, konnte von uns Ausländern keiner recht beurteilen … Womit an dieser Stelle genug darüber gesagt sein soll.

»Nein danke« geht nicht

Obwohl wir bereits bei unserer Ankunft in Ndola am Straßenrand von BaMoses persönlich und offiziell begrüßt worden waren, folgte einige Wochen später noch ein zweiter Akt. Die Familie von Ba-Moses erwies uns die Ehre, Rita und mich zusammen mit Jan und Hedwig, einer weiteren Kollegin, zu sich nach Hause einzuladen.

Man gab uns zu verstehen, dass dies etwas Besonderes sei und wir diesem Ereignis gut vorbereitet entgegentreten sollten. Nur: Was war mit »gut vorbereitet« gemeint? Schließlich kam der Tag und wir traten zum Empfang bei BaMoses an.

Nach einem »Herzlich willkommen« im Hof führte uns BaMoses ohne große Umschweife in sein Wohnzimmer, das in Sambia in der Regel direkt vom Hof aus zugänglich ist. Dabei geht der Gastgeber voraus und seine Gäste folgen ihm. Diese Etikette ist wichtig, sie zeigt angemessenes Verhalten gegenüber Gästen und ist ein Ausdruck der Höflichkeit: Gäste sind hinter dem Rücken des Gastgebers sicher.

Sofort wurde uns im Wohnzimmer ein Sitzplatz zugewiesen. Die eindrucksvolle Sitzgarnitur war einladend und bequem. Eine zweite, ausführlichere Begrüßungsrunde folgte. Nochmals erkundigte sich der Gastgeber nach dem Wohlbefinden und interessierte sich auch für unsere Familien.

Andere Familienmitglieder des Hauses waren umgehend zur Stelle und begrüßten uns reihum per Handschlag. Die Frauen machten bei der Begrüßung einen Knicks, waren aber gleich wieder weg, als hätten sie sich in Luft aufgelöst. Unterdessen wurde uns zu trinken angeboten und es folgte die übliche Small-Talk-Runde, das angeblich belanglose Plaudern.

Dann kam Bewegung auf. Der Tisch im Esszimmer, auf den wir freien Blick hatten, füllte sich stetig mit Schüsseln, Töpfen und kleineren Schalen. Irgendwann stoppte der Strom zubereiteter Speisen. Unsere Gastgeberin erschien, kniete sich hin und mit der hier üblichen Geste – man klatscht in die Hände, wobei die Handflächen waagrecht liegen – lud sie uns zu Tisch. BaMoses wies unterdessen jedem seinen Platz zu.

Es war wichtig, dieses Protokoll zu beachten. Niemand sucht sich hier seinen Platz selbst aus. Plätze haben soziale Signifikanz: Sie zeigen die Bedeutung des Sitzenden an. Es wäre eine Anmaßung sondergleichen, sich seinen Platz, also seine Position, selbst auszusuchen.

Während wir der Aufforderung folgten, uns zu setzen, bot sich uns eine üppig gedeckte Tafel an. Doch noch immer war höchste Aufmerksamkeit geboten. Die Gastgeberin präsentierte sich mit einer Schüssel Wasser und postierte sich abermals kniend vor jedem Einzelnen, was einigermaßen befremdlich für uns war.

Wir sollten uns die Hände waschen und es erforderte Geschick, nicht tölpelhaft zu spritzen; außerdem durften die Hände nach dem Waschen nicht völlig trocken gerieben werden, denn feuchte Finger waren für die Hauptmahlzeit des landesüblichen Maisbreis *(nshima)* absolut erforderlich. Auch war es nicht anständig, die Waschschüssel über dem Tisch weiterzureichen. Dies musste entweder unter dem Tisch oder hinter dem Rücken der Leute erfolgen. Als Letzter beendete BaMoses die Waschprozedur. Jetzt konnte die Hauptaufgabe kommen.

Allmählich wurde deutlich, was »gut vorbereitet« noch beinhaltete: viel Platz im Magen für die Nahrungsaufnahme bereitzuhalten. Jeder war angehalten, auf keinen Fall vorzeitig »die Waffen zu strecken« und vorschnell aufzugeben. Immer wieder hieß es: »Bitte nehmt dieses, bitte probiert jenes.« Bevor man sich's versah, landeten bekannte und unbekannte Speisen auf dem Teller.

Rita stieß auf ein Gemüse, das sich als *African eggplant (Solanaceous aethiopicum)* entpuppte. Es ist mit der Tomate verwandt und ziemlich säurehaltig. Sie kann je nach Zubereitung sehr bitter sein. Gerade an jene Delikatesse war Rita geraten und folglich wenig ermutigt, ein weiteres Mal zuzugreifen. Wenig später passierte, was man sich in solchen Situationen überhaupt nicht wünschen möchte.

»BaRita, willst du nicht noch mehr von diesem Gemüse? Es ist *impwa*«, meinte die Gastgeberin und reichte ihr den vollen Teller mit Impwa-Gemüse. Sie schwärmte regelrecht davon. Noch gezeichnet von der bitteren Erfahrung, antwortete Rita:

»Nein danke, es ist etwas bitter.«

Kaum war ausgesprochen, was nicht hätte ausgesprochen werden sollen, bemerkte Rita ihren Fauxpas. Aber die Worte standen schon im Raum, sie bedeuteten ein direktes und definitives Nein. Sie wusste, sie war in eine kulturelle Falle getreten. Von angebotenem Essen sollte wenigstens gekostet werden, auch wenn man es nicht mag. Einfach ablehnen ist respektlos, ja kann als große Beleidigung aufgefasst werden.

Wohl hatte man uns darauf hingewiesen, gut vorbereitet zu diesem Empfang anzutreten, aber in dieser Sache waren wir völlig unvorbereitet. »Nein danke« geht nicht: Diese Weisheit erschloss sich uns erst mittels *learning by doing* – indem wir beim und durchs Tun lernten. Und dazu gehörte nun einmal auch, Fehler zu machen.

Kasama – ein bisschen wie Wildwest

Am 3. Juni zogen wir von Ndola nach Kasama um. Im Norden des Landes war vor einiger Zeit eine neue Arbeit begonnen worden und wir wurden von unserer Partnerkirche als Verstärkung dorthin entsandt. Kasama ist die Hauptstadt der Nordprovinz Sambias, begegnete uns aber weit weniger pompös, als von seinem Status her zu erwarten gewesen wäre.

Bereits im Jahre 1900 war Kasama für die Briten ein administratives Zentrum. 18 Jahre später drang der deutsche General Lettow-Vorbeck, von Deutsch-Ostafrika kommend, mit der deutschen Schutztruppe bis Kasama vor. Diese Ära Kasamas war jedoch von allerkürzester Dauer. Als Lettow-Vorbeck am 13. November 1918 vom Waffenstillstand in Europa erfuhr, war das Spiel bereits aus und der Krieg vorbei. Fünf Tage später sah er sich gezwungen, in Mbala (das damals noch den kolonialzeitlichen Namen Abercorn trug) zu kapitulieren und die Waffen niederzulegen.

1989 hatte Kasama so etwas wie die unverkennbaren Merkmale einer »Westernstadt«: Shops mit überdachter Veranda links und rechts der Hauptstraße und Staub, der durch die Straßen geweht wurde. Der Wind enthüllte Restspuren einer Asphaltdecke, die an bessere Zeiten erinnerte, und hüllte zugleich alles in einen roten Schimmer ein. Die Schlaglöcher waren tief und teilweise geräumig wie eine Badewanne.

Zunächst konnten wir bei Michl und Bärbel im Haus wohnen. Ein Zimmer mit Dusche war unser ganzes Reich. Eigentlich war für uns ein kleines Apartmenthäuschen auf dem Gelände einer Bank im Zentrum vorgesehen gewesen. Eigentlich. Denn es war noch anderweitig belegt und wir mussten uns gedulden. Wir hofften, dass ein Umzug vor Ende Juli möglich sein würde, denn da wollten wir zusammen mit unseren Kollegen zur jährlichen Konferenz in den Süden reisen.

Das Warten auf den Umzug ins Apartmenthäuschen auf dem Bankgelände zog sich hin. Aber nach einigen Wochen war es dann doch so weit. Wie Könige fühlten wir uns in den eigenen vier Wänden. Allerdings hatte unser Chalet, wie es offiziell hieß, nur drei kleine Räume: ein Bad mit Waschbecken, WC und Dusche, ein Schlafzimmer und einen Raum, den wir als Wohnzimmer und Büro nutzen konnten. Alles in allem etwa 36 Quadratmeter. Zum Kochen war kein Platz.

Das Nachbarchalet in gleicher Größe und Bauweise stand leer und die Bank war damit einverstanden, es ebenfalls an uns zu vermieten. So wohnten wir in zwei »Hütten«, Essen und Schlafen getrennt. Aber immerhin! An die Wanderungen zwischen Küche in Chalet Nr. 1 und Wohnzimmer und Schlafzimmer in Chalet Nr. 2 gewöhnten wir uns bald.

Renovierungsarbeiten waren an beiden Häuschen notwendig und Rita meinte, es müsse unbedingt frische Farbe an die Wände. So verstrichen die ersten Tage mit Ausräumen, Streichen, Putzen und Einräumen. Eine andere wichtige Arbeit war, Holz zu besorgen und Betten zu schreinern.

Auch andere Einrichtungsgegenstände fehlten und ich versuchte, mit den geliehenen Werkzeugen einigermaßen brauchbare Möbel zu fabrizieren. Am meisten vermisste ich Spax-Holzschrauben. Solche gab es hier nicht zu kaufen. Selbst Nägel waren manchmal ein Problem. Ich erinnerte mich an einen Prospekt, der mir einst in Deutschland in die Hände gefallen war. Darin waren Regale abgebildet gewesen, die ohne Nägel und Schrauben gefertigt waren. Dieses Prinzip wollte ich auf einen Wohnzimmertisch und Hocker anwenden, was mir schließlich auch gelang. Mit der Zeit hatten wir das Nötigste an Einrichtungsgegenständen zusammen. Fließendes Wasser und Strom machten unser häusliches Glück komplett.

Einen Wermutstropfen mussten wir jedoch schlucken: In beiden Chalets funktionierte die Dusche nicht. Die Warmwasserboiler waren schon lange hinüber, und repariert wurden sie nicht. Afrika war eben anders. Derartige Lebensumstände haben jedoch zwei Vorteile: Man besinnt sich auf die wesentlichen Dinge des Lebens und man wird erfinderisch. Michl und Bärbel liehen uns ihre größte Wäschewanne. Von nun an konnte jeweils eine Person sitzend sogar ein »Bad« genießen.

Auf dem Gelände der Bank zu wohnen hatte gewisse Vorteile. Wir konnten zu Fuß unsere Einkäufe tätigen. Dabei kamen wir mit vielen Menschen in Kontakt und erlebten unsere neue Umgebung quasi hautnah. Überhaupt mussten wir alles zu Fuß erledigen. Einen fahrbaren Untersatz hatten wir noch nicht. Und da der rote Staub überall war, hatten nach einem Ausgang in die Stadt die Schuhe jedes Mal einen roten »Anstrich«, und unsere Haare waren steif und klebrig von der mit Schweiß vermengten Staubsubstanz. Wie gut, dass wir »baden« konnten!

Ganz neu für uns war, von Wachpersonal umgeben zu sein. Für die Bank waren Paramilitärs abkommandiert, deren Aufgabe darin bestand, den Tresor mit den Barmitteln der Provinz zu bewachen. Die meiste Zeit sahen sie allerdings ziemlich gelangweilt aus. Offensichtlich war es nicht ausfüllend, stundenlang herumzuhängen und ab und zu ein Schwätzchen mit Bekannten zu halten. Außer den Paramilitärs gab es auch hauseigenes Wachpersonal.

Nach einiger Zeit kannte man sich. Jeden Morgen wurden wir nun mit einem »*Good morning, Sir, good morning, Madam*« begrüßt. In Deutschland hatten wir uns selbst nie als *Madam* oder *Sir* gesehen.

Für unsere afrikanischen Freunde der örtlichen Gemeinde waren wir Bruder und Schwester, obwohl es auch oft sehr formell zuging und die Menschen mich »*Reverend*« (Pastor, Pfarrer) nannten. Das war jedoch zweitrangig. Viel wichtiger war für mich, mit den Menschen Freundschaft zu schließen und christliche Gemeinschaft zu erleben.

In diesen ersten Wochen lernten wir Gilbert und seine Grace sowie Kabwe und seine Jane kennen. Gilbert und Grace arbeiteten mit einer Gemeinde, die nicht zu »unserem Lager« gehörte, und Kabwe und Jane mit der Gemeinde, die unserem Gemeindeverband angeschlossen war. Zu Kabwe und Gilbert entwickelte sich ein guter Kontakt. Kabwe war in der Landwirtschaft tätig und wohnte für hiesige Verhältnisse komfortabel. Gilbert wohnte mit seiner Familie in der *Location*, einem Stadtteil Kasamas, dessen Häuser die besten Jahre bereits hinter sich hatten. Durch sein Haus ging ein enormer Mauerriss. Niemand schien sich für die Reparaturarbeiten verantwortlich zu fühlen. Mit den beiden besuchten wir die Leute in den Dörfern, hielten dort Bibelstunden und erlebten offene Türen. So gewann ich Einblick in das hiesige Leben.

Aber davon später mehr. Zunächst stand unsere Fahrt zur jährlichen Konferenz an.

Pleiten, Pech und Pannen

20. Juli 1989. Wir fuhren in die große Stadt. Dreimal rechts abbiegen und wir waren am Ziel. Dazwischen lagen allerdings 800 lange Kilometer auf schadhaften und schlechten Straßen. So weit war es von unserem Wohnort hoch im Norden Sambias bis zum nächsten Supermarkt im Kupfergürtel.

Zusammen mit unseren Kollegen Michl und Bärbel samt ihren zwei Kindern sowie Reinhard und Cornelia und ihren beiden Buben stahlen wir uns mit zwei Fahrzeugen und einem Anhänger frühmorgens aus dem noch verschlafenen Kasama. Die Sonne blinzelte noch nicht über den Horizont herüber. Noch brauchten wir künstliches Licht.

Nach 230 km wurde unsere Fahrt jäh unterbrochen: Eine Rauchwolke am Anhänger verhieß nichts Gutes. Gezwungenermaßen hielten wir an und begutachteten die Situation. Leider mussten wir eine unschöne Entdeckung machen: Ein Radlager am Anhänger war verloren gegangen. Die schlechten Straßen hatten ganze Arbeit geleistet. Eigentlich wäre ein Werkstattaufenthalt nötig gewesen. Jetzt war guter Rat teuer. Wir hatten ein echtes Problem.

Wir entschlossen uns, die Achse mit einer Kette hochzuhängen und mit einem dreirädrigen Anhänger weiterzufahren. Mit erhöhter Aufmerksamkeit setzten wir unsere Reise fort. Wir waren schon mehrere Stunden unterwegs und es war wirklich Zeit für eine Tasse Kaffee. An einem geeigneten Platz machten wir Rast.

Eine Entdeckung stellte uns jedoch vor neue Schwierigkeiten. Eine Schraube des rechten hinteren Stoßdämpfers fehlte. Wieder mussten wir notdürftig reparieren. Ein Bolzen im Werkzeugkasten half uns aus der Misere. Nach der Kaffeepause ging es weiter. Noch lagen viele Kilometer und viele Stunden Fahrt vor uns.

Etliche Zeit später wurde unsere Fahrt ein drittes Mal unterbrochen. Wegen der Ladung und des fehlenden Rades war der Anhänger nach vorne gekippt, wodurch das andere Rad dieser Achse am Rahmen streifte. Erneut mussten wir umdisponieren und verloren wertvolle Zeit. Wir nahmen einiges Gepäck vom Anhänger herunter und stopften es in unsere ohnehin schon vollen Fahrzeuge. Dann verteilten wir das restliche Gepäck mehr nach hinten im Anhänger und unterkeilten am Rahmen, um einen größeren Freiraum für den Reifen zu schaffen. Es funktionierte.

Mittlerweile war es Nacht. Erneut hatten wir Probleme mit der Stoßdämpferaufhängung. Eine Schweißnaht war angebrochen und wir hatten noch 80 km zu bewältigen. So gut es ging, unterlegten wir die Bruchstelle. Würde es halten?

Um 21.30 Uhr erreichten wir müde und matt nach 16-stündiger Erlebnisfahrt Ndola, ohne dass es weitere Zwischenfälle gegeben hätte. Wir waren unglaublich froh, einen ereignisreichen Tag gesund und unbeschadet beschließen zu können. Erschöpft fielen wir alle in die Betten.

Geldreform

21. Juli 1989. Schon frühmorgens ging es zur Sache. Noch steckten uns die Ereignisse des gestrigen Tages in den Gliedern, als die 7-Uhr-Nachrichten mit einer Hiobsbotschaft die Menschen im ganzen Land erschreckten: Eine neue Währung sollte eingeführt werden. Nicht nächstes Jahr, nicht nächsten Monat, auch nicht nächste Woche, sondern ab sofort! Jeder Bürger und jeder Einwohner des Landes könne sein Bargeld bei den Banken umtauschen, hieß es.

Ungewöhnlich heftig und schnell begann das Leben in der Stadt zu pulsieren. Die Verwirrung war groß. Überall liefen Menschen hin und her. Keiner wusste Genaueres. Einzelheiten drangen nur spärlich durch. Mit jeder Minute wuchs die Unsicherheit. Reformen können in Sambia recht kurzfristig angepackt werden – *any time from now.*

Um 10.00 Uhr waren alle Läden dicht. Kein Kaufmann war mehr gewillt, seinen Laden auch nur eine Minute länger offen zu halten. Nichts ging mehr. Zum Glück konnten wir unser Bargeld noch in Ware umsetzen und unsere Fahrzeuge mit Diesel auftanken. Wir waren absolut pleite. Jetzt blieb uns nur noch, geduldig abzuwarten.

Um 11.00 Uhr standen die Leute vor den Banken Schlange. Wie in den Medien angekündigt, gaben die Banken die neue Währung im Tausch gegen die alten Scheine heraus. Kein Tag ohne neue Überraschungen. Sie passieren hier selbst im großen Stil.

Den restlichen Tag verbrachten wir in echter Anspannung. Noch wussten wir nicht, wie sich alles entwickeln würde. Dass die Währungsreform ohne Probleme und zügig vonstattengehen würde, erschien uns höchst unwahrscheinlich.

Anlass des Geldumtausches waren zwei Reden von Präsident Kenneth Kaunda Ende Juni und Anfang Juli. Er kündigte nötige Wirtschaftsreformen an. Die Geschäftswelt reagierte umgehend. Innerhalb eines Monats wurden Waren und Güter, ja selbst Dienstleistungen um 100, 200 oder gar 300 % teurer. Die Menschen meldeten sich zu Wort, sie waren verbittert und wütend.

Neben der Inflation sei die Korruption ein gefährliches Geschwür, das die ohnehin kränkelnde Wirtschaft noch mehr lähme, hieß es. Hinzu komme die gewaltige Menge an Falschgeld, das in einwandfreier Qualität in Umlauf gebracht werde.

Dann kam die Meldung vom angeordneten Geldumtausch. Ab dem 3. August 1989 seien nur noch die neuen Banknoten offizielles Zahlungsmittel. So jedenfalls gaben es die offiziellen Kanäle bekannt. Diese Meldung schlug ein wie eine Bombe.

Wir entschieden uns, an diesem Tag nicht mehr in das Geschehen einzugreifen. Da wir ohnehin vorhatten, vor dem jährlichen Arbeitstreffen zwei Wochen im damaligen Schlaraffenland Simbabwe Urlaub zu machen, hofften wir, den ganzen Ereignissen relativ ungeschoren entfliehen zu können. Es kam jedoch alles anders. Ganz anders.

»Go right to the top – Sprich mit dem Chef«

22. Juli 1989. »Ein neuer Tag, ein neues Glück«, so ein altes Sprichwort. Der gestrige Tag hatte die ganze Stadt buchstäblich auf den Kopf gestellt. Im Vorfeld der Währungsreform hatte sich wohl niemand vorstellen können, was es bedeutete, wenn eine ganze Nation am Bankschalter ihr Bargeld tauschen musste.

Die Menschenschlangen, die sich unweigerlich vor und um die Bankgebäude gebildet hatten, waren gewaltig. Hier und da machten sich Ärger und Unmut Luft. Überall waren Polizei und Sicherheitspersonal aufgestellt. Leute, die aus den ländlichen Gebieten in die Städte strömten, vergrößerten die Menge der Wartenden täglich. Viele von ihnen hatten kein Quartier und richteten sich vor den Bankeingängen häuslich ein. Im ganzen Land gab es ähnliche Szenen zu beobachten.

Dann hieß es auf einmal, alle Grenzen würden geschlossen. Niemand dürfe aus- noch einreisen. Diese Nachricht beunruhigte uns nicht wenig. Schließlich hatten wir schon im Nachbarland unseren Urlaub gebucht. In Sambia (und wohl auch in anderen Teilen Afrikas) gibt es eine Regel: Hast du ein Problem – *Go right to the top*, sprich mit dem obersten Chef persönlich.

Freundlich und offen wurden wir vom Chef der Einwanderungsbehörde in seinem Büro in Ndola empfangen. Nach angemessenem *small talk* versuchten wir, ihm unsere Lage zu schildern, und machten ihm deutlich, dass wir ein Problem hätten. Wir hofften auf seinen Rat und seine Unterstützung.

Ich kann nicht sagen, dass er nicht kooperativ gewesen wäre, aber dieser Fall überschritt bei Weitem seine Kompetenzen. Er war jedoch gewillt, uns eine Empfehlung für die zuständige Behörde im Ministerium in der Hauptstadt Lusaka auszustellen. Mit diesem Schreiben könnten wir dort nochmals unser Anliegen vorbringen, meinte er. Nach eingehender Beratung beschlossen wir, am folgenden Tag in das 320 km entfernte Lusaka zu reisen.

23. Juli 1989. Diesmal hatten wir eine unbeschwerte Reise. Am Ziel angekommen, suchten wir uns eine Übernachtungsmöglichkeit und wollten danach weitere Schritte unternehmen.

In Lusaka indessen war die Lage ähnlich. Die Währungsreform mit sofortiger Wirkung brachte über die ohnehin geschäftige Hauptstadt noch mehr Chaos. Alles drehte sich um Geld. Für manche ging es um viel, für andere um wenig. Aber für alle ging es um neues Geld. Als Schikane empfanden die Menschen die 50 %ige Steuer, die auf alle Barvermögen ab 10 000 Kwacha (sprich *Kwatscha*) zu entrichten war. (Im April waren 5 Kwacha etwa 1 DM wert.) Menschen, die sich glücklich schätzen konnten, schon im Besitz der neuen Scheine zu sein, zogen freudestrahlend durch die Straßen, was für die anderen nur Anlass zu noch mehr Ärger und Verdruss war. Für sie hieß es, weiterhin Geduld zu üben, Rangeleien aus dem Weg zu gehen, den eigenen Platz in der Reihe zu behaupten oder durch kluge Taktik gar zu verbessern oder sonst irgendwelche Vorteile herauszuschlagen. Wir wollten uns aus alledem heraushalten, obwohl wir durch den Besitz von Dollarnoten wesentlich bessere Aussichten hatten, an neues Bargeld zu kommen.

Es gelang uns, das Innenministerium und das zuständige Büro in dem riesigen Komplex ausfindig zu machen. Durch Fragen und Hinweisschilder fanden wir schließlich die richtige Adresse. Natürlich gab es Anmeldeprozeduren, die zu befolgen waren, doch das Empfehlungsschreiben der Behörde in Ndola half uns außerordentlich.

Wenig später war es so weit. Wir wurden ins Büro gebeten und erkannten sofort, dass uns eine wichtige Person gegenübersaß. Wir tauschten die üblichen Höflichkeiten aus und schwenkten langsam, aber stetig auf unser Anliegen um. Aufmerksam las er das Schriftstück seines Beamten aus Ndola und platzierte es schließlich vor sich auf den Tisch. Wir schilderten ihm unsere Situation und machten ihm deutlich, wie sehr er uns in dieser Sache helfen könnte.

Tatsächlich gab es Neuigkeiten für uns. Er versicherte uns, dass Ausreisen kein Problem sei. Allerdings müssten wir dann zwei Wochen außer Landes bleiben, da für diese Frist alle Grenzstationen für den Einreiseverkehr geschlossen bleiben würden. Schriftlich könne er uns dies jedoch nicht geben, aber wir könnten uns jederzeit auf ihn berufen und wenn nötig könne sein Büro unter folgender Nummer angerufen werden.

Auch für bereits getroffene Entscheidungen gibt es in Sambia eine Regel: Sie können sich ändern – *any time from now.*

»Ausreisen kein Problem« – das war ein Wort. Uns war geholfen. Wie bedankten uns ausdrücklich für die Minuten seiner kostbaren Zeit und wünschten ihm viel Geschick, in dieser schwierigen Zeit seine Arbeit zu tun.

Nun stand einer Weiterreise und unserm Urlaub im Nachbarland Simbabwe nichts mehr im Wege. Diesel hatten wir genügend, um über die Grenze zu kommen. In zollfreien Läden versorgten wir uns mit den nötigen Lebensmitteln und waren eigentlich guter Dinge, einen erfolgreichen Abschluss dieser Abenteuer erleben zu dürfen. Wir hätten jedoch gewarnt sein sollen.

Am folgenden Tag setzten wir unsere Reise gen Süden fort. Mit zwei Fahrzeugen, zwölf Personen, darunter vier Kleinkinder, und voll beladen bis unter das Dach trotzten wir den schlechten Straßen und freuten uns schon darauf, bald schlaraffenlandähnliche Verhältnisse genießen zu dürfen. Noch allerdings waren über 600 km zu bewältigen, eine Reihe *road blocks* (stationäre Kontrollposten der Polizei) zu überstehen und zwei Grenzen zu passieren. Jede Menge Stoff für Abenteuer pur.

Obwohl wir vor größeren Pannen verschont blieben, war es doch eine lange Tour in der Hitze von Sambias Süden. Unsere geländegängigen Fahrzeuge waren damals noch nicht mit einer Klimaanlage ausgestattet. Vermutlich hatte man sich bei der Auswahl unserer Fahrzeuge an David Livingstone, dem Missionar, Forscher und Entdecker, orientiert, der den Kontinent auch ohne diesen Komfort durchquert hatte.

Reisen in Afrika bedeutet, lange Strecken bewältigen zu müssen. Selten gibt es die Dinge, die man braucht, gleich um die Ecke. Unterwegs ist man immer für etwas oder für jemanden. Jedenfalls war die Hitze gehörig und ließ uns entsprechend schwitzen. Wir waren sieben Personen in unserem Wagen – fünf Erwachsene und zwei Kleinkinder. Das andere Fahrzeug beförderte drei Erwachsene und zwei Kleinkinder, dazu aber noch zusätzliches Gepäck unserer Gruppe.

Unsere Reise verlief also trotz Hitze, Enge und gelegentlichem Kinderaufstand relativ problemlos. Alle Städte, die wir passierten, zeigten das gleiche Bild: lange Menschenschlangen vor den Banken. Wir hielten uns nicht auf und nutzten das Tageslicht.

Bald würden wir es geschafft haben und in Livingstone eintreffen, der an den weltberühmten Victoria-Wasserfällen gelegenen netten Stadt. Von dort war es dann nur noch ein Katzensprung über die Grenze, und die Probleme Sambias würden wir diesseits des mächtigen Sambesi hinter uns zurücklassen.

Tanz des G3

Plötzlich tauchte vor uns einer der viel gefürchteten und manchmal auch verhassten *road blocks* auf. Männer in Uniform kamen in Bewegung und zwangen uns zu stoppen. Das übliche Gezeter begann:

>*Where are you going?*« (»Wohin gehen Sie?«)
>*Where are you coming from?*« (»Woher kommen Sie?«)
>*What are you carrying?*« (»Was befördern Sie?«)

Als ob es nichts Wichtigeres im Leben gäbe, als überflüssige und langweilige Fragen beantworten zu müssen.

Eine längere Unterredung begann. Die Situation war prekär. Die Uniformierten gehörten nicht einer regulären Einheit der Polizei an, sondern waren Teil der Paramilitärs. Wahrscheinlich waren sie auf dem Posten verwaist, schlecht versorgt und vermissten die Annehmlichkeiten des normalen Lebens. Dazu kam die Währungsreform, die sie schließlich auch betraf. Man merkte, sie waren mürrisch und hatten einfach schlechte Laune.

Schließlich rückten sie mit ihrer Absicht heraus. Sie waren auf der Suche nach einem *lift;* so sagt man, wenn man mitgenommen werden möchte. Das Ziel war Livingstone. Der Weg zum Ziel waren wir.

Es war ohnehin schon eng genug; weitere »Fahrgäste« mitzunehmen war nach unserem Dafürhalten schlicht nicht möglich. Die Verhandlungen zogen sich hin. Wir versuchten es mit allen Mitteln der Diplomatie. Keiner wollte nachgeben. Man merkte dem Wortführer an, dass ihm der Verlauf der Verhandlungen nicht gefiel. Andere Paramilitärs tauchten auf und schwangen demonstrativ ihre Schnellfeuergewehre von ihren Schultern. Eine Gruppe Uniformierter starrte uns an.

Etwas musste geschehen. Eine weitere Eskalation wollten wir nicht riskieren. So gaben wir zu verstehen, dass höchstens eine Person – und auch das nur auf engstem Raum – Platz finden könnte, und für die würde es in keinster Weise eine angenehme Reise werden. Er wisse ja selbst um die schlechten Straßen. Zudem hätten wir nicht den Luxus einer Klimaanlage und außerdem könnte Kindergeschrei ihn stören. Lieber wollten wir ihm dieses Ungemach ersparen.

So versuchten wir, dem Wortführer die Sache auszureden. Vergeblich. Wir mussten noch enger zusammenrücken. Wieder machten wir die Erfahrung: Sambia hat unglaublich viel zu bieten – *any time from now.*

Nun folgte eine Unterredung zwischen den Wegelagerern. Es wurde diskutiert. Schließlich trat der Wortführer vor und schob eine andere Person auf unser Fahrzeug zu. Wir waren überwältigt von der körperlichen Fülle unseres neuen Reisebegleiters.

Er zwängte sich neben mich auf den Vordersitz, den er ohne Weiteres hätte alleine ausfüllen können. Zugegeben, auf dem Sitz war Raum für zwei Personen, allerdings für zwei kleinere und schmächtigere Vertreter des Menschengeschlechts. So engen Kontakt hatte ich mir nicht vorgestellt. Beinahe hätte ich den langen Ganghebel zwischen meine Beine nehmen müssen, um überhaupt sitzen zu können.

Schlimmer jedoch war die Tatsache, dass Soldaten ihre »Braut« immer an ihrer Seite haben. Sein Schnellfeuergewehr musste mit an Bord. Quer über seinen Schoß ging es nicht. Er entschied sich, das Gewehr mit dem Kolben nach unten aufrecht zwischen uns beiden zu platzieren. Das bedeutete, dass die Mündung je nach Geschaukel und Schlaglochtiefe direkt vor meiner Nase hin und her tanzte. Die Geschichte gefiel mir überhaupt nicht. Aus meiner eigenen Soldatenzeit wusste ich ja, dass eine Waffe kein Spielzeug ist.

Während des Gesprächs, das nach der Wiederaufnahme der Fahrt in Gang gekommen war, gab ich ihm zu verstehen, dass ich von seinem deutschen Schnellfeuergewehr G3 beeindruckt sei, aber inständig hoffe, sie sei gesichert, da *Made in Germany* durchaus Qualität und Zuverlässigkeit meinen würde. Er ließ sich nicht aus der Ruhe bringen.

Unbeirrt ließ er die Waffe an seiner Seite ruhen. Es folgte der »Tanz des G3«. So oft und so lange habe ich noch nie in die Mündung eines Gewehrs geblickt. Zum Glück waren wir nicht mehr sehr weit von Livingstone entfernt.

Dort angekommen, lieferten wir unseren Begleiter samt »Braut« an der Polizeistation ab, wünschten ihm viel Erfolg und machten uns schleunigst davon. Ich hatte wieder Platz und war dankbar, wieder alle Gliedmaßen bewegen zu können, vor allem aber, dass ich sie noch alle vollständig hatte.

Inzwischen war es spät geworden und wir mussten uns beeilen, wollten wir noch vor 18 Uhr die Grenze überqueren. Grenzen wurden um diese Zeit einfach geschlossen. Wir näherten uns den Victoria-Wasserfällen.

Wir waren mächtig beeindruckt. Noch eine lang gezogene Kurve, und wir hatten es endlich geschafft. Schon waren die ersten Gebäude in Sicht. Unsere Pässe lagen bereit.

Ohne Vorwarnung war unser Traum ausgeträumt. Nur wenige Kilometer vor dem ersehnten »Paradies« mussten wir uns geschlagen geben. An der Grenze war Schluss. Entgegen unserer Annahme gemäß der Zusage des Beamten vom Ministerium in Lusaka war die Grenze geschlossen. Wir erkundigten uns genauer und suchten einen Weg aus dem Dilemma. Es half nichts. Auf Anordnung des Innenministers höchstpersönlich blieben mit Wirkung ab heute Nachmittag alle Grenzen geschlossen, erfuhren wir. Kein Grenzverkehr war erlaubt. Keine Ausnahmen. Schöne Bescherung.

Wie geschlagene Hunde machten wir uns auf den Weg zurück in die Stadt. So schnell aber wollten wir unser Ziel nicht in den Wind schreiben. In der Stadt suchten wir nach der Zoll- und Einwanderungsbehörde, schließlich hatten wir noch einen Trumpf in der Tasche.

Mittlerweile hatten wir Übung darin, unsere Situation zu erklären. Auch diesmal wiesen wir den Chef der Behörde auf unsere Lage hin, unterrichteten ihn über die bereits geführten Gespräche in Ndola und Lusaka und präsentierten ihm die Telefonnummer des hohen Beamten in der Hauptstadt.

Vielleicht wollte er uns kirchliche Mitarbeiter nicht unnötig ärgern, jedenfalls griff er tatsächlich zum Hörer. Aber auch sein Telefonat konnte unsere Situation nicht verändern. Die neue Order von heute Nachmittag galt. Und zwar für alle ausnahmslos. Wie schon erwähnt – auch für getroffene Entscheidungen gibt es in Sambia eine Regel: Sie können sich jederzeit ändern.

Mosi-o-Tunya

Das dringlichste Problem war nun, ein Quartier für die Nacht zu finden. Es wurde bald dunkel, wir kannten uns nicht aus und hatten nichts gebucht. Auf dem Weg zur Grenze war uns eine Anzeige mit der Aufschrift *Mosi-o-Tunya*-Hotel aufgefallen. Wir beschlossen, dort unser Glück zu versuchen. Die Zufahrt zum Hotel vermittelte schon einen ersten Eindruck davon, um welche Kategorie Unterkunft es sich handelte.

Alles war grün und sehr gepflegt. Wir betraten das Foyer und sahen uns in unserer Einschätzung der Preisklasse des Hotels bestätigt. Offensichtlich war es Träger mehrerer Sterne. Klar war, dass uns für diese noble Umgebung eindeutig das nötige Kleingeld fehlte.

Michl nahm die Angelegenheit in die Hand. Erneut folgten wir der »Problemfall-Maxime«: *Go right to the top*, sprich mit dem Chef persönlich.

Der Manager war schnell gefunden und wir präsentierten ihm unseren Fall. Man braucht etwas Übung, um in diesem Teil der Welt komplexe Angelegenheiten zu lösen. Dramatisieren, Hilflosigkeit demonstrieren, Geduld, Ruhe und Beharrlichkeit müssen an der richtigen Stelle zum Einsatz gebracht werden. Selten gibt es ein Problem, das auf diese Art nicht zu lösen ist. Die Tatsache, dass es im Hotel verhältnismäßig ruhig zu sein schien, erwies sich im Verlauf der Verhandlungen als unser Vorteil. Wegen der geschlossenen Grenzen konnten eingebuchte Gäste aus dem Ausland nicht anreisen. Für das Haus ein großer Verlust.

»Sehen Sie«, meinte Michl, »es ist doch gut, dass wir bei Ihnen gelandet sind. Viele Ihrer Zimmer stehen wegen der geschlossenen Grenzen leer. Daran wird sich auch in den nächsten Tagen nichts ändern. Das kann Ihnen doch nicht gefallen, oder? Wir sind eine anständige Mannschaft, bringen Leben in die Umgebung, wollen schlafen, essen und trinken. Das kann Ihnen doch nicht unrecht sein! Nur – Ihre Preise können wir nicht zahlen.«

Der Manager bewahrte Haltung, schnaufte aber tief durch. Was sollte er auch anderes tun. Er wusste nur zu gut, dass man in Sambia nicht nur nehmen kann. Man muss auch geben. Er bot uns eine Preisermäßigung an, die er aber nochmals nachbessern musste. Am Ende hatten wir einen *deal*, waren also im Geschäft mit ihm – zum halben Preis und zum einheimischen Tarif!

»Hey, ihr da – Musungus!«

Ganz ohne einheimisches Bargeld ging es dann doch nicht. Am folgenden Tag fuhren wir nach Livingstone und peilten die Lage. Noch immer standen, saßen oder lagen Menschen vor den Türen der Banken.

Die *Standard Chartered Bank* erschien uns als die beste Option, um den Akt des Geldumtausches zu bewältigen. Irgendwo stellten wir uns an. Als wir vom hauseigenen Sicherheitspersonal gesehen wurden, winkte uns ein Wachmann zu und bedeutete uns, nach vorne zu kommen. Wir waren unschlüssig, wollten keine Sondernummer riskieren und zögerten, seiner Aufforderung Folge zu leisten. Energisch wiederholte er sein Winken und rief:

»Bitte, kommen Sie nach vorne!«

Wir quetschten uns an der Schlange vorbei und vermieden den direkten Blickkontakt mit den stehenden, sitzenden und liegenden Sambiern. Plötzlich schrie jemand hinaus, was viele wohl nur gedacht hatten:

»Iwe, Musungu. Musungu, iwe.«

Musungu ist die übliche Bezeichnung für alle Personen weißer Hautfarbe. Es kann einen negativen Klang entwickeln. Aus der unpersönlichen Distanz wurde uns ein »He, du Weißer, du Weißer, du« entgegengeschleudert. Unsere Bevorzugung wurde nicht überall mit Zustimmung aufgenommen. Mütter kampierten mit ihren Babys vor dem Haupteingang der Bank und hatten sich ein notdürftiges häusliches Leben eingerichtet. Kein schönes Leben.

Aber was sollten wir tun? Außerdem nahmen wir niemand den Platz am Bankschalter weg, da wir keine einheimischen Geldscheine mehr zum Umtausch bei uns hatten. Am Schalter für Fremdwährung wechselten wir Dollars in neue Kwacha-Noten ein. Einige Zeit später hielten wir brandneue Scheine in den Händen. Wahrscheinlich kamen sie frisch aus der Druckerpresse, so neu fühlten sie sich an.

Ungewöhnlich zügig konnten wir die Transaktion beenden und

mussten noch einmal die neidischen Blicke, Rufe und Kommentare über uns ergehen lassen, als wir die *Standard Chartered Bank* in Livingstone verließen. Alle behielten die Nerven und niemand fiel über uns her. Wie lange wohl würden diese Scheine ihre Gültigkeit behalten, bevor auch sie ihren Dienst quittieren müssten?

Eines war sicher, auch für sie galt: Möglich war alles, und zwar – *any time from now!*

Erdbeershake und Affenklau

Unser Zwangsurlaub an den Victoria-Wasserfällen begann seine angenehmen Seiten zu entfalten. Der Swimmingpool gehörte uns fast ganz allein zur Nutzung. Wir machten ausgiebig davon Gebrauch und ließen es uns ausgesprochen gut gehen. Frische Obstsäfte und ab und zu eine kühle Cola waren gerade recht bei der Hitze.

Unser Lieblingsgetränk war allerdings der *strawberry shake*, dessen Zubereitung dem Barkeeper bestens gelang. Eine Begebenheit in diesem Zusammenhang darf nicht unerwähnt bleiben.

Wir saßen gemütlich beisammen und ließen uns diese Köstlichkeit bringen. Schon wenige Augenblicke später hielten wir jeder einen großen, kühlen Strawberry Shake in den Händen und genossen ihn in vollen Zügen. Kurz darauf gesellte sich Hedwig zu uns.

»Was trinkt ihr denn da Schönes?«, wollte sie von uns wissen.

»Hedwig, das ist ein hervorragender Erdbeershake. Nur zu empfehlen.«

Sichtlich beeindruckt entschied sie sich, ebenfalls einen zu bestellen, sobald der Kellner bei seiner nächsten Runde wieder bei uns vorbeischauen würde. Der ließ nicht lange auf sich warten.

Kellner:

»*What would you like to drink, Madam?*« (»Was möchten Sie gerne zu trinken haben?«)

Hedwig:

»Oh, I would like to have one of your wonderful Erdbeershakes.« (Oh, ich möchte gerne einen Ihrer wunderbaren Erdbeershakes haben.«)

Der Kellner hörte aufmerksam zu und kommentierte:

»*Yes, Madam, yes, Madam, of course, Madam.*« (»Ja, meine Dame, selbstverständlich.«)

Er bewegte sich jedoch keinen Schritt und stand aufmerksam weiter zu Verfügung.

Hedwig, irritiert, wiederholte:

»*I would like to have an Erdbeershake, please!*«

Kellner:

»*Yes, Madam, yes, Madam, of course, Madam*«, und machte sich schnell davon.

Die Minuten verstrichen und nichts geschah. Dann wurde es Hedwig zu viel. Sie winkte dem Kellner und bedeutete ihm zu kommen, worauf dieser wieder umgehend bei uns aufkreuzte.

Hedwig:

»*In case you might have forgotten. I would like to have an Erdbeershake, please!*« (»Vielleicht haben Sie mich vergessen. Ich möchte gerne einen Erdbeershake.«)

Kellner:

»*Yes, Madam, yes, Madam, of course, Madam*«, drehte sich um und war im Nu verschwunden.

Wieder tat sich nichts. Urplötzlich dämmerte es ihr: Sie hatte auf Englisch einen deutschen »Erdbeershake« bestellt! Damit konnte selbst der aufmerksame und geduldige Kellner beim besten Willen nicht zurechtkommen.

In unmittelbarer Nähe zu den grandiosen Victoria-Wasserfällen, dem Reichtum afrikanischer Wildnis und dem Luxus im *Mosi-o-Tunya*-Hotel verarbeiteten wir die Abenteuer der letzten Woche. Erlebt hatten wir wahrlich genug.

Unter den wenigen Gästen im Hotel befanden sich einige Angehörige der sambischen Armee. Nur höhere Dienstgrade kamen in den Genuss, den Luxus eines solchen Hotels erleben zu dürfen. Durch Umstände, die wir uns weder erklären noch beeinflussen konnten, lagen einige Zimmer unserer Mannschaft neben den Zimmern von Offizieren. Die Offiziere logierten allerdings nicht allein, sondern waren in Begleitung weiblicher Personen, und dementsprechend ging es nicht immer ruhig und beschaulich zu.

Nicht nur wir fanden den *Mosi-o-Tunya*-Luxus chic und nett. Es gab unglaublich viele Affen auf dem Gelände, die es sich hier ebenfalls gut gehen ließen. Leider waren sie Diebe. Andrea, die damals dreijährige Tochter von Michl und Bärbel, liebte das Wasser. Und sie liebte Kekse. Beides konnte sie miteinander am Swimmingpool genießen.

Während eines entspannten Augenblicks katapultierte sich ein *Mosi-o-Tunya*-Affe aus luftiger Höhe auf die Liege herunter, riss dem Mädchen die Kekstüte aus der Hand und verschwand samt voller Tüte so schnell, wie er gekommen war, wieder im Geäst der Bäume.

Andrea schrie wie am Spieß. Ihr Vater warf nach dem Affen, in der Hoffnung, den Pavian zu beeindrucken. Oben angelangt, grüßte der jedoch in unverschämter Manier die schimpfenden und schreienden Menschen, indem er sich genüsslich die Kekse in sein gefräßiges Maul schob.

Leider vergingen die Tage in dieser überwältigenden Umgebung wie im Flug und wir mussten schon bald wieder an die Abreise denken.

Als es so weit war, dankten wir dem netten Hotelmanager für die feine Geste, uns in seinem ehrenwerten Hotel Zuflucht gewährt zu haben, und reisten ab. Bis Kasama waren es von hier 1500 km. Vor der langen Fahrt zurück in den hohen Norden Sambias stand jedoch zunächst die Jahreskonferenz in Lusaka an.

Ilondola – »Wiedergewinnung eines verlorenen Territoriums«

Am 19. August begann für uns ein neues Kapitel. Es ging zurück auf die Schulbank. Das Hauptfach war Bemba, die Sprache der Ethnie (Volksgruppe), unter der wir in Zukunft arbeiten wollten. Dazu schickte man uns in jeder Beziehung »in den Busch«. Für mehr als drei Monate zogen wir nach Ilondola, einer weit abgelegenen katholischen Missionsstation 160 km südöstlich von Kasama.

Die Fahrt nach Ilondola ging größtenteils über Sandpisten und unbefestigte Straßen. Außerdem mussten wir den Chambeshi-Fluss mit einer Fähre überqueren, die der Fährmann im Handbetrieb, sprich mit Muskelkraft auf die jeweils andere Seite zog.

Die Fähre war mit einem Seil verbunden, das über die ganze Breite des Flusses gespannt und an beiden Ufern befestigt war. Nachdem wir alle sicher an Bord waren, setzten wir uns in Bewegung.

Wir konnten uns nützlich machen und halfen dem Fährmann, uns über den Fluss zu ziehen. Für gewöhnlich kennt man solche Szenen nur aus dem Film. Diesmal war alles echt und uns fielen Hauptrollen zu. Drüben angekommen, setzten wir unsere Reise durch den Busch fort.

Stunde um Stunde folgten wir der *dirt road* (ungeteerte und unbefestigte Straße). Mehrmals überquerten wir kleinere Flüsse und erklommen Hügel. Die enge Straße war immer wieder auf beiden Seiten von hohem Elefantengras gesäumt.

Schließlich war es geschafft. Ilondola lag vor uns. Zunächst nahmen wir nur eine größere Anzahl von Gebäuden wahr. Dann aber erblickten wir etwas ganz Unerwartetes: eine Kirche von gewaltiger Größe. Der freie Platz ließ sie noch gigantischer wirken. Welche Überraschungen würden uns hier noch erwarten?

Ilondola hat eine bewegte Geschichte hinter sich. Der katholische Forscher und Historiker Louis Oger beschreibt sie ausführlich in seinem Buch »*Where a scattered flock gathered*«: *Ilondola 1934–1984 (Ndola 1991).*

Die Hauptfigur in der Anfangszeit der Station war Father Jan van Sambeck, ein resoluter Holländer, der seit 1919 mit den Weißen Vätern – den Missionaren des katholischen Ordens, der 1891 die Missionsarbeit im Norden Sambias begann – in Afrika lebte.

Für van Sambeck war die Vokabel »Nein« keine Antwort, sondern eine Kampfansage. Dies stellte er mehrmals sehr eindrücklich bei der Gründung von Ilondola unter Beweis.

Die Gründung der neuen Station war begleitet von großen Schwierigkeiten, bedingt durch das Zusammenspiel unterschiedlicher Parteien: In erster Linie war die britische Kolonialverwaltung in der Provinz betroffen; dann Chief Nkula, ein prominenter Titelträger der Bemba, auf dessen Gebiet die neue Station errichtet werden sollte; und schließlich spielte noch das Verhältnis zwischen Protestanten und Katholiken im Distrikt eine große Rolle.

Das Verhältnis von Chief Nkula und van Sambeck war nicht ohne Missverständnisse und nach Chief Nkulas Tod ziemlich angespannt. Dies wirkte sich wiederum auf die Haltung der Kolonialverwaltung zum Vorhaben der Errichtung einer Station aus. Die Provinzregierung hatte nämlich bereits schriftlich ein klares und eindeutiges Nein zu diesem Unternehmen abgegeben. Davon ließ sich van Sambeck aber in keiner Weise beeindrucken. Er nahm die Sache selbst in die Hand und siedelte sich mit einer Gruppe Katholiken auf eigene Faust am Chimpundu-Fluss an. Ilondola lag in unmittelbarer Nähe zur einflussreichen protestantischen Lubwa-Missionsstation. In der Vergangenheit hatte es immer wieder Spannungen zwischen Protestanten und Katholiken im Norden Sambias gegeben. Daher rührte auch die ablehnende Haltung der Provinzverwaltung gegenüber van Sambecks Plänen, dort eine neue Station zu errichten.

Warum die Katholiken ausgerechnet hier ihre Station gründen wollten, lag an der aus ihrer Sicht unbefriedigenden Situation im Distrikt: Die größte katholische Gruppe wohnte entlang dem Südufer des Chambeshi-Flusses und andere Gruppen siedelten sehr viel weiter südlich Richtung Shiwa Ng'andu. Sie empfanden sich als verstreuter Haufen, und es war van Sambecks erklärtes Ziel, einen zentral gelegenen Ort zu etablieren. Ilondola erfüllte dieses Kriterium, da es ziemlich genau in der Mitte zwischen beiden Gruppen lag.

Als sich im Mai 1934 die Weißen Väter am Chimpundu niederließen, sprachen die einheimischen Katholiken: *E ku malondola*, das heißt: »Dies ist der Ort, wo sich verlorene und verstreute Menschen sammeln.« Sie bezogen das auf sich selbst, da sie ja im Chinsali-Distrikt nicht geschlossen siedelten. Jetzt hatten sie endlich einen Ort, an dem sie zusammenleben konnten.

Das Wort *malondola* ist abgeleitet von dem Verb *ukulondola* mit der Bedeutung »etwas Verlorenes zurückerwerben«. Die Vorsilbe *ma* kennzeichnet den Plural und zeigt sowohl eine große Anzahl als auch einen Ort an. Im Singular wird daraus *Ilondola,* was »Wiedergewinnung« bedeutet: die Wiedergewinnung eines verlorenen Territoriums oder Eigentums.

Der Niederlassung am Chimpundu im Mai folgte am 24. Juni 1934 die Gründung der Missionsstation Ilondola. Die offizielle Genehmigung wurde allerdings erst im Juli erteilt, nachdem die Differenzen mit der Provinzverwaltung beigelegt waren.

Einige Jahrzehnte später wurde eine Sprachschule integriert. Im Zuge der Ökumene (aber wahrscheinlich auch wegen der zusätzlichen Finanzmittel) öffnete sich Ilondola auch Menschen anderer Glaubensrichtungen. So erklärt es sich, dass wir eine relativ große Gruppe von Sprachschülern in diesem Kurs waren, die nun mehr als drei Monate miteinander auskommen mussten.

»Katholisch« leben?

Unser Aufenthalt in Ilondola bot in jeder Hinsicht ein Repertoire reichhaltiger Erfahrungen für Rita und mich. Schon der erste Tag stellte uns vor eine Herausforderung.

Das Sprachzentrum hatte nur Einzelzimmer zur Verfügung. Das lag wohl daran, dass zur Anfangszeit des Zentrums nur eine zölibatär ausgerichtete Klientel die Schulbank gedrückt hatte. Dementsprechend wurde Rita und mir je ein Einzelzimmer zugeteilt. Es lag jedoch nicht im Entferntesten in unserer Absicht, von August bis Ende November katholisch zu leben. Ein klärendes Gespräch war nötig.

Man hörte uns an, bedauerte jedoch den Umstand, dass ein einzelnes Zimmer für zwei Betten nicht breit genug sei. Daraufhin beschlossen wir: Ein Bett genügt. Mit einem kleinen Eingriff konnte ich das Bett um etwa 30 cm verbreitern. Als jungvermähltes Ehepaar waren wir recht flexibel und zufrieden mit unserem neuen Leben. So blieb es bis zum Ende. Das andere Zimmer nutzten wir als Wasch- und Aufenthaltsraum.

Es war nicht zu übersehen, dass unsere Geschichte sich auf eigenartige Weise mit der Geschichte Ilondolas verband, das früher als *incende ye nkalamo,* »der Platz der Löwen«, bekannt war. Irgendwie hatten wir das Gefühl, dies würde ein halbes Jahrhundert später noch in bildlichem Sinn zutreffen.

Wir wussten uns jedoch in der Hand des großen Gottes, der Mensch und Tier ihren Platz zuweist. Der Gott Israels »denkt an uns und segnet uns« (Psalm 115,12a). Dies war unser Trauspruch. Er gab uns im weit abgelegenen Ilondola Mut und Zuversicht.

Auf der Station gab es nur Strom, wenn der große Dieselgenerator ihn lieferte. Weil Diesel von weit her beschafft werden musste, gab es diesen Service nur abends, und auch da nur für wenige Stunden. Ziemlich pünktlich um 22 Uhr verstummte das Dröhnen der riesigen Maschine. Innerhalb weniger Sekunden trat Stille ein. Dann war es dunkel. Hell leuchtete in klaren Nächten die faszinierende

Sternenwelt der südlichen Hemisphäre auf uns herab. Es war einfach großartig, in eine solche Nacht einzutauchen und alle Sinne auf Aufnahme zu schalten. Die Symphonie der Nachtmusiker war in der Tat berauschend.

Jeden Morgen an fünf Tagen in der Woche fand der Bemba-Sprachunterricht statt. Unterrichtet wurden wir ausschließlich von einheimischen Lehrkräften. Judith, Rose, Mary und Großvater Stephen waren darauf gedrillt worden, Europäer zu unterrichten. Dafür hatte Louis Oger eigens Lehrmaterial entworfen und im Laufe der Jahre verbessert, erweitert und ergänzt.

Bemba zu lernen war für mich völlig anders als seinerzeit das Erlernen der englischen Sprache. Irgendwie war es total kompliziert, alles zu verstehen, was uns nahegebracht wurde. Ein ums andere Mal wurden wir zum Gespött der Kinder, die uns Musungus üben hörten oder beim »Freigang« im Gespräch mit Dorfbewohnern in Scharen folgten, umringten und beobachteten. Falsche Scheu aber half niemand. Wer über seine Fehler nicht lachen konnte, war ein armer Tropf.

Mit etwas Übung beherrschten wir bald das in Bemba unglaublich vielfältige Grüßen. Jede Lebensäußerung schien mit einem entsprechenden Gruß verbunden zu sein: das Aufstehen am Morgen, das allgemeine Wohlbefinden, der Nachmittag, der Abend, das Schlafengehen, der Spaziergang, das Arbeiten, das Ruhen, das Essen in ganz besonderer Weise, das Kinderkriegen, das Trauern, das Kranksein und, und, und.

Zu unserem Kurs gehörten Leute verschiedener Nationalitäten: Ein Kanadier, vier US-Amerikaner, ein Belgier, zwei Deutsche, eine Italienerin, ein Kongolese und ein angehender Priester aus Burundi übten und lernten eine neue Zunge. Wim, der Leiter des Zentrums, war Holländer und Louis Oger, der pensionierte Vorgänger, ein Franzose. Nur der Koch kam nicht aus Übersee.

Anna, Koch Katongo und Kapenta-Pizza

Ach ja, der Koch. Der Koch, er hieß Katongo, war eine interessante Person. Er gehörte wie seine Pfannen und Töpfe seit unvordenklichen Zeiten zum Inventar der Station. Es war schwierig zu sagen, wer von ihnen mehr Jahre gesehen hatte. Eines war klar: Alle hatten schon unheimlich viele Menschen satt gemacht und ein langes Dienstleben auf der Station zugebracht.

Zum Mittagessen gehörte fast obligatorisch eine Suppe, in die Koch Katongo so ziemlich alles reinrührte, was er im hauseigenen Gemüsegarten fand. Sein Brot hingegen war nicht zu verachten. Die Sonntage waren kulinarische Höhepunkte. Da legte er sich immer ganz besonders ins Zeug. Die Bestenliste, so fanden wir Studenten jedenfalls, wurde angeführt von Hähnchen mit Pommes Frites.

Anna, die Italienerin, war hellauf begeistert, wenn es Pasta, Nudeln oder Pizza gab. In Bezug auf letzteres Gericht war unser Koch besonders kreativ. In seinem Pizzarepertoire gab es ein Rezept, das ich ohne Übertreibung zu den ausgefallensten auf der ganzen Welt zählen würde. Worum geht's?

Eine Spezialität in Sambia sind Kapenta-Fische, die Tanganjika-Sardinen *(Limnothrissa miodon)*. Wenn sie etwa 5 cm lang sind, haben sie ihre idealen Ausmaße erreicht und werden abgefischt. Bei dieser Größe lohnt es sich nicht, die Innereien zu entfernen. Die Fische werden, so wie sie sind, gesalzen, in der Sonne getrocknet, verkauft und verspeist.

Es gibt Menschen, die können sich nur mit größter Mühe dazu überwinden, einem getrockneten Kapenta-Fisch von Angesicht zu Angesicht den Kopf abzubeißen oder ihn gar in voller Länge zu schlucken. Fremde Länder, fremde Sitten. Wie auch immer. Zurück zu unserer Pizza.

Koch Katongo fabrizierte auf großen Blechen Pizzen, mit Kapenta belegt und dazwischen elegant mit Bohnenkernen garniert. Für die Augen verlockend anzusehen. Auf seinem Speiseplan hatte er dieses Menü als Mittagessen deklariert. Dazu gab es Salate. Was davon übrig blieb, fand sich zum Abendessen serviert.

Am nächsten Morgen wurden wir jedoch mit Kapenta-Pizza zum Frühstück überrascht. In ihnen steckte noch das gestrige Öl, dazu die Kälte der Nacht, und es wollte mir nicht gelingen, darüber fröhlich zu sein. Obwohl ich die Morgengabe mit Danksagung annehmen wollte, war die praktische Seite weit problematischer.

Kalte Fischpizza zum Frühstück kollidierte mit meinem kulinarischen Weltbild. Selbst der Kaffee konnte daran nichts ändern. Vor meinem geistigen Auge tanzte ein fränkischer Hefezopf, der jedoch in seiner geistartigen Form meinen Magen nicht wirklich zufriedenzustellen vermochte. An jenem Morgen blieb nach dem Frühstück ein Hungergefühl zurück. Aber nicht nur bei mir. Etliche Mitstudenten waren Leidensgenossen und traten den Unterricht mit einem Loch in der Magengegend an.

Father Hubert

Unser übernächster Zimmernachbar war Father Hubert, ein Priester aus Belgien, der aber schon Jahrzehnte im Kongo verbracht hatte. Irgendwie hatte ihn die Versetzungsmaschinerie seines Missionsordens erwischt, verschluckt und in Sambia wieder ausgespuckt. Glücklich war er darüber nicht, lernte aber mit der Zeit, seine neue Lage zu akzeptieren. Auch für ihn stand nun auf dem Programm: Sprachstudium in Ilondola.

Hubert war ein gemütlicher Zeitgenosse. Aufregen konnte er sich dann, wenn er meinte, Bemba-Vokabeln zu beherrschen, weil er diese schon vom Lingala (einer anderen Bantusprache, die im Kongo gesprochen wird) her zu kennen glaubte. Immer wieder musste er aber erleben, wie ihm scheinbar bekannte Worte aus dem Lingala in Bemba eine ganz andere Bedeutung hatten.

Das schmerzte und brachte ihn stets neu zum Stöhnen. Hin und wieder machte er seinem Ärger Luft, philosophierte über den Sinn, in seinem Alter noch einmal eine neue Sprache lernen zu müssen, und zündete sich seine Pfeife an. Paffend saß er dann im Schatten eines Baumes und ließ es sich gut gehen.

Für eine Tasse Kaffee war Hubert immer zu begeistern. Im Rahmen nachbarschaftlicher Entwicklungshilfe tauschten wir Lebensmittel und feierten diesen Umstand während routinemäßiger Kaffeekränzchen.

Hubert war zudem ein begnadeter Geschichtenerzähler. Seine lange Zeit in Afrika bot schier unerschöpflichen Stoff dafür. Einmal sahen wir ihn dunkle Körner schlucken. Für uns war nicht ersichtlich, was er da in sich hineinstopfte. Immer wieder konnten wir ihn dabei beobachten. Irgendwann sprachen wir ihn darauf an.

»Father Hubert, was sind das für dunkle Körner, die du immer wieder schluckst?«

»Das sind die Körner der Papayafrucht«, antwortete er.

»Wisst ihr«, klärte er uns auf, »in diesen Körnern ist Chinin, der Stoff, den man zur Malariabehandlung braucht. Bei regelmäßiger

Einnahme kann man eine nahende Malaria abmildern. Außerdem hilft das Zeug, Magen und Darm aufzuräumen. Ich nehme die Papayakörner schon seit vielen Jahren und habe gute Erfahrungen damit gemacht.«

Hubert wusste noch viele andere Dinge aus und von Afrika zu berichten. Vor allem aber merkte man ihm seine warmherzige Haltung gegenüber den Menschen dieses Kontinents an.

Ein kleiner Weltempfänger verkündet große Weltgeschichte

Eines Abends, es war schon Nacht und der Generator verstummt und wir hatten uns bereits zurückgezogen, da klopfte es plötzlich an unserer Tür.

»Wer ist da?«

»Ich bin's, Hubert. Ihr müsst unbedingt kommen. Es ist etwas Unglaubliches passiert.«

»Wie, es ist etwas Unglaubliches passiert? Geht es dir nicht gut, Hubert?«

»Ja, ja, doch, aber ihr müsst unbedingt kommen. Es ist bestimmt wichtig für euch.«

Kurze Zeit später traten wir in die Nacht hinaus und lauschten seinem Bericht. Sichtlich aufgeregt begann Hubert zu erzählen:

»Wie immer habe ich vorhin meinen kleinen Weltempfänger eingeschaltet und die Nachrichten abgehört. Der Empfang war nicht besonders gut und es hat fürchterlich gerauscht. Doch es war ganz genau zu hören: Der Sprecher sagte, in Berlin sei die Mauer gefallen.«

»Aber, Hubert«, warf ich ein, »wahrscheinlich gehörten die Wortfetzen, die du aufgeschnappt hast, zu einem Hörspiel oder irgend so etwas. Die Mauer, die deutsche Mauer, gefallen in Berlin – das kann nicht sein!«

Ich wollte Hubert nicht beleidigen und sagte deshalb nicht, was ich dachte, nämlich dass es an seinem Deutsch liegen könnte, dass er solche Dinge gehört haben wollte. So blieb ich still und wir saßen zu dritt wie Spione gebannt vor dem winzigen Weltempfänger, lauschend, ob es noch weitere Nachrichten zu hören geben würde.

Verzweifelt bemühte sich Hubert, einen Sender zu finden. Rauf und runter hörten wir die Sendefrequenzen ab in der Hoffnung, irgendwann auf den englischen Nachrichtensender BBC zu stoßen und uns auf diesem Wege Gewissheit zu verschaffen. Leider ging an diesem Abend nichts mehr. Der Empfang war erbärmlich und das Rauschen machte ein Verstehen unmöglich.

Verwirrt und seltsam berührt, brachen wir unsere nächtliche Sitzung ab. Während wir unsicher waren, wie viel diese Nachricht wert sein mochte, die davon sprach, dass in unserer Heimat die Welt aus den Fugen geraten war, hielt uns die kleine Welt Ilondolas fest umschlossen. Der kommende Morgen sollte uns mehr Klarheit verschaffen.

Gleich nach dem Aufstehen eilten wir zu Hubert. Der war schon eine ganze Weile wach und fingerte an seinem Weltempfänger herum. Der Morgen schien eine bessere Zeit für guten Empfang zu sein. Der Sender BBC war klar und deutlich *on air* (auf Sendung) und wir hörten die Nachrichten.

Hubert hatte recht! Der Fall der Berliner Mauer war *die* Schlagzeile der Nachrichten. Es schien kein anderes Thema zu geben.

Selbst jetzt, als ich es mit eigenen Ohren hörte, konnte ich es noch nicht wirklich fassen und einordnen. Die Mauer, die Deutschland seit meinem ersten Lebensjahr getrennt hatte, war bisher für mich ein »fest gemauertes« geschichtliches Faktum gewesen, dessen Änderung ich kaum für möglich gehalten hätte. Ich musste an die Worte des amerikanischen Präsidenten Ronald Reagan denken, die er am 12. Juni 1987 in seiner Rede am Brandenburger Tor ausgesprochen hatte:

»Mr Gorbachev, tear down this wall!« (»Herr Gorbatschow, reißen Sie diese Mauer nieder!«)

Jetzt, da dies Wirklichkeit geworden war, konnte ich daran nur aus der Ferne teilhaben. Aber immerhin, wir hatten daran teil. Wann würden sich die Ereignisse in Berlin auch in der versteckten Welt Ilondolas auswirken?

Wer genau hinhörte, konnte in dieser Nachricht übrigens eine Botschaft hören: Weltgeschichte kann über Nacht neue Wege gehen – *any time from now.*

BaStepheni

Die Mehrzahl unserer Sprachlehrer waren Frauen. Sie waren keine ausgebildeten Kräfte, die die Mühle eines akademischen Studiums durchlaufen hätten. Bei Judith, Rose und Mary handelte es sich um Frauen, die die meiste Zeit ihres Lebens im Dorf gelebt, aber im Laufe der Jahre durch Übung zu guten Lehrerinnen, vor allem für Ausländer, geworden waren.

Ein gewichtiges Argument für den Einsatz dieser Frauen sahen Wim (der Leiter des Sprachzentrums) und Louis Oger (sein Vorgänger) darin, dass man ja nicht ohne Grund von »Muttersprache« redet. Die allermeisten Menschen lernen Sprechen von ihrer Mutter. Damit würden Mütter eine natürliche Qualifikation zum Sprachunterricht mitbringen. In Ilondola schien sich dieser Ansatz zu bewähren; jedenfalls erwies er sich im Blick auf das Bemba-Sprachstudium als erfolgreich.

Ganz ohne Männer ging es dann doch auch wieder nicht. Einige Stunden in der Woche erhielten wir Sprachunterricht von BaStepheni. »Ba« ist eine Respektform und meint so viel wie »Herr«. »Stepheni« ist die Bemba-Form von »Stephen« oder »Stephan«. Da Namen und Hauptwörter in Bemba grundsätzlich mit einem Vokal enden, wird daraus eben ein »Stepheni«.

BaStepheni hatte ohne Zweifel große schauspielerische Fähigkeiten. Seine Darbietungen waren dramaturgisch inszeniert und mit Persönlichkeit durchdrungen. Er war ein Geschichtenerzähler sondergleichen.

Mit seinen 70 Jahren (er könnte auch älter gewesen sein) war er der Senior, aber noch äußerst rüstig und sprühte nur so vor Energie. Er hatte wahrhaft Spaß und Freude an seiner Arbeit. Eindrücklich waren seine Schilderungen, wenn es um ihn und seine Frau ging. Da hatte er Geschichten parat, die uns unweigerlich zum Lachen brachten.

Einmal führte er uns vor, was passieren würde, wenn er über die Stränge schlüge und sich danach seiner Theresa zu Hause stellen müsste. Er beschrieb die sich anbahnende Situation nicht mit Worten, sondern stand vor uns, seine linke Hand ausgestreckt, und hämmerte mit dem Zeigefinger seiner rechten Hand wiederholt auf die Handfläche seiner linken Hand, was er mit einem »Pah, pah, pah!« unterstrich.

Unterstrichen wurde der energiegeladene Auftritt BaStephenis durch seine Kleidung. Er trug mit Vorliebe Jeanshosen, weiße Turnschuhe und seinen obligatorischen weißen Dozentenmantel. In dieser Aufmachung wirkte er wie ein Jugendlicher, was durch seine kleine, hagere Gestalt und seine flinken Bewegungen ausdrucksvoll verstärkt wurde.

Natürlich inszenierte er diese Aufführungen in Bemba. Die langjährige Übung hatte ihn zu einem ausgezeichneten Schauspieler werden lassen, der es hervorragend verstand, das sprachliche Niveau seiner Zuhörer zu treffen. Wir konnten ihm bestens folgen.

Von Anfang an war ich für BaStepheni Maxwell Robertson. Mein Vorname hatte ihn dazu inspiriert, mich so zu nennen. Maxwell Robertson war 1930–1939 der Leiter der Lubwa Training School, einer protestantischen Eliteschule zur Ausbildung von Lehrern, die damals in unmittelbarer Nähe von Ilondola ihren Standort hatte. Viele der dort ausgebildeten Lehrer wurden später, als Sambia in die Unabhängigkeit entlassen worden war, in der Politik tätig.

BaStepheni war außerdem umfassend mit der Geschichte seiner Heimat vertraut. Wir machten Ausflüge in die Umgebung und lauschten seinen historischen Ausführungen über Land und Leute. Einmal zeigte er uns einen Ort, an dem es während des Ersten Weltkriegs zu militärischen Auseinandersetzungen gekommen war. Ein andermal sprach er über Bräuche und Sitten der Bemba und begleitete uns bei einem Besuch in der Residenz von Chief Nkula, einem hohen Titelträger der Bemba.

Ein außergewöhnliches Erlebnis im Leben von BaStepheni war eine Reise mit dem *indeke* (Flugzeug) gewesen, und zwar infolge eines tragischen Umstands. Einer seiner Söhne war Pilot bei der Luftwaffe gewesen und hatte einen der wenigen Düsenjets der sambischen Luftwaffe geflogen. Bei einem tragischen Unfall hatte er den Tod gefunden. Anlässlich der Trauerfeier waren BaStepheni und seine Frau nach Lusaka eingeladen und mit dem Flugzeug dorthin gebracht worden. Ja, auch in das Leben der Menschen in Ilondola konnte der Tod unerwartet einbrechen – *any time from now.*

Dachlos, aber nicht kopflos

Überraschend bot sich uns die Gelegenheit, ein Wochenende nach Kasama zu fahren. Louis Oger hatte dort geschäftliche Angelegenheiten zu regeln und den Einkauf für das Zentrum zu erledigen. Wir hatten ungefähr Halbzeit und es war kurz vor der Regenzeit. Das war einer der Gründe, warum Oger die Reise jetzt unternehmen wollte.

Wir waren gespannt, wie es sein würde, wieder in der Zivilisation zu landen, und ertrugen die Strapazen der Reise hinten auf der Ladefläche seines Pick-ups willig. Nach vielen Stunden Fahrt tuckerten wir in Kasama ein. Vor dem Post-Office verabschiedeten wir uns und waren nach wenigen Schritten auf dem Gelände der Bank. Nichts ahnend zwängten wir uns durch den Spalt des großen grauen Eisentores.

Wie vom Blitz getroffen standen wir da, rieben uns die Augen – was nichts half – und waren vom Anblick, der sich uns bot, schockiert. Eines unserer beiden Häuschen war ohne Dach. Es fehlte komplett. Nur die Außenmauern standen noch. Dann bemerkten wir Menschen, die hämmerten, sägten und sich an »unserem« Haus zu schaffen machten.

Wir hatten keinen blassen Schimmer, was das zu bedeuten hatte. Die Arbeiter konnten uns auch nicht weiterhelfen. Dafür sei der Bankmanager zuständig. Er habe ihnen diesen Auftrag erteilt, ließen sie uns wissen. Umgehend versuchten wir, den Manager ausfindig zu machen und seine Geschichte zu hören. Wir fanden ihn.

»Sir, wir sind ziemlich überrascht, unser Haus ohne Dach vorzufinden. Wir hatten über diese Maßnahme vor unserer Abreise nicht gesprochen.«

»Bitte entschuldigen Sie diese Situation«, versuchte er uns zu beruhigen. »In unserem jährlichen Renovierungsplan sind diesmal auch die Chalets enthalten. Wir dachten, es sei besser, diese Arbeiten in Ihrer Abwesenheit durchzuführen, um Ihnen Unannehmlichkeiten zu ersparen.«

Unannehmlichkeiten. Genau die hatten wir jetzt.

»Außerdem«, so meinte er, »wollten wir die Arbeit noch vor der Regenzeit abschließen, da es sonst ungewollte Überraschungen geben könnte.«

Aha, ungewollte Überraschungen. Überrascht waren wir in der Tat, konnten aber nach dem Gespräch die Situation besser einschätzen, was wir ihm auch zu verstehen gaben.

»Sir«, sagten wir ihm, »wir hoffen, Ihr Plan geht auf und wir werden auch in Zukunft in guter Weise zusammenarbeiten können.«

Sorge bereitete uns die nahende Regenzeit, die jeden Tag beginnen konnte. Ein Chalet, unser Schlaf- und Wohntrakt, war ohne Dach, das andere (Küche- und Abstellraum) hatte den Austausch noch vor sich. Es war kaum zu erwarten, dass das ganze Projekt an diesem Wochenende zu Ende gebracht würde.

Was sollten wir tun? Uns aufregen – nein, das brächte uns nicht weiter. In Afrika verlangen viele Dinge des Lebens, dass man sich in Geduld übt. Diese Situation gehörte sicher dazu. Wir sahen die Möglichkeit, unser Leben von Gott und seiner Fürsorge her zu verstehen, als ausgesprochen erleichternd an.

Wenig später erkundeten wir die Lage im Innern des dachlosen Chalets. Wir standen im Wohnzimmer und über uns grüßte der blaue Himmel. Unter uns war es weniger angenehm. Eine Staubdecke hatte sich über das Mobiliar und den Fußboden gebreitet. Spinnen und Geckos fegten die Wände rauf und runter. Tote Artgenossen lagen versprengt auf dem Boden. Hier könnten wir unmöglich die Nacht verbringen, geschweige über das Wochenende wohnen.

Wir kontaktierten unsere Kollegen, die kurze Zeit später bei uns vorbeischauten. Sie boten uns, ohne zu zögern, Unterschlupf an. Schonend brachten sie uns bei, sie hätten von diesen Umbaumaßnahmen gewusst, es aber nicht für dringend nötig befunden, uns zu benachrichtigen und damit zu beunruhigen, zumal unser Besuch an dem Wochenende nicht geplant gewesen sei. Alles wäre bei der Rückkehr aus Ilondola ohnehin längst Geschichte gewesen.

Das Wochenende war trotz aller Aufregung eine nette Abwechslung zu Ilondola. Am nächsten Tag fanden wir die Handwerker fleißig am neuen Dach hantieren. Einer der Männer hatte eine seltsame Angewohnheit: Er steckte sämtliche Nägel in seine Afrolookfrisur, um nicht immer die Leiter hinunter- und heraufsteigen zu müssen.

Rita warf die interessante Frage auf, wie viele von ihnen wohl im Dunkel der nach allen Seiten abstehenden dichten Locken verschwinden würden. Am folgenden Tag war das Rätsel gelöst. Der Afrolook war einer Haupthaarrasur gewichen. Womöglich hatten sich tatsächlich einige Nägel im dichten Netz der Locken verirrt und ihn während der Nacht mächtig gekratzt. Vielleicht war er auch nur das Suchen in der Haarmähne leid gewesen.

Selbst am Sonntag legten die Handwerker eine Sonderschicht ein. Nach dem Morgengottesdienst und einem ordentlichen Mittagessen war schon wieder Zeit zur Abreise und zusammen mit Oger fuhren wir zurück nach Ilondola. Mit welchen Überraschungen wir wohl in einigen Wochen zu rechnen hätten?

John und Amelia

Von Hubert, Anna, Koch Katongo und BaStepheni habe ich schon berichtet. Zu unserer Studentengruppe gehörten auch die Amerikaner John und Amelia aus Alabama. Durch und durch Südstaatler. Als Missionare einer protestantischen Kirche waren sie schon mehrere Jahre im Land, hatten aber nach eigener Aussage noch ziemliche Sprachdefizite. Diese wollten sie durch einen Sprachkurs in Ilondola verringern.

John und Amelia wohnten schräg gegenüber. Ihnen war die Suite, der »luxuriösere« Trakt, zugeteilt worden; oder waren sie vielleicht der Anziehungskraft der Suite – keine getrennten Betten – erlegen und hatten sie nach dem Motto »Wer zuerst kommt, mahlt zuerst« besetzt? Immerhin waren sie vor uns auf der Station aufgekreuzt.

Aber vielleicht war für die Belegung der Suite durch die beiden auch nur der Umstand ausschlaggebend, dass sie das älteste Ehepaar unter uns Schülern waren. Bald relativierte sich indessen der scheinbare Komfort der Suite, denn unmittelbar daneben befand sich der Funkraum. Täglich erfolgte hier zu regelmäßigen Zeiten der Funkverkehr mit allen Stationen in der Provinz. Das war jedes Mal eine längere Prozedur. Manchmal wurde es für sie echt nervig.

Wir wurden gleich von Anfang an miteinander warm. Im Laufe der Wochen verbrachten wir oft unsere freien Stunden mit ihnen. Natürlich machten wir zusammen Sprachübungen, aber unser beliebtester Zeitvertreib war Kartenspielen. Amelia trumpfte mit ihren *snickerdoodles* (Kekse) und anderen Südstaaten-Leckereien auf. Bei unseren Zockrunden waren wir stets gut versorgt.

Manchmal fielen praktische Arbeiten an. Dinge gingen kaputt und mussten repariert werden. Eines Tages gab es einen Spezialauftrag. Im Haus unserer Lehrerin Judith, das abseits der Station lag, war die Haustür aus den Angeln gefallen. Nun hatte sie Angst, nicht mehr sicher wohnen und erst recht nicht mehr sicher schlafen zu können. John und ich erklärten uns bereit, die Sache in die Hand zu nehmen.

Auf der Station gab es museumsreife Maschinen, die mit Riemen angetrieben und vom Generator mit Strom versorgt wurden. Die Werkstatt war in einen langen Dornröschenschlaf gesunken und es dauerte lange, bis sie wieder zum Leben erweckt war. Es war ein umständliches Prozedere, bis wir endlich sägen und hobeln konnten. Schließlich gelang es doch.

Wir schnitten Holz, hobelten Bretter, suchten nach Nägeln und Schrauben und renovierten ein altes Türschloss. Mit dem fertigen Produkt tauchten wir bei Lehrerin Judith auf und installierten ihre neue Tür. Alles passte und funktionierte und machte unsere Sprachlehrerin sichtlich glücklich. Ermutigt gaben wir unsere Kommentare in Bemba ab, dass wir uns mit ihr freuten, dass sie nun eine neue *cibi* (Tür) für ihre Residenz habe:

»Mukwai, twapangile cibi cipya, ee cisuma, tefyo? Nomba fyonse filifye bwino.« (»Wir haben Ihnen eine neue Tür gemacht. Schön ist es jetzt, oder nicht? Nun ist alles wieder in Ordnung.«)

Sie stutzte und warf uns einen unverständlichen Blick zu. Wir waren jedoch sicher, die richtige Vokabel für »Tür« in Bemba gebraucht zu haben. Noch einmal probierten wir es. Dann kam sie uns zu Hilfe. Nicht *cibi* sollten wir sagen, sondern nicht vergessen, den richtigen Ton zu treffen: Das entsprechende Wort benötige einen langen Ton, sprich *ciibi*.

Ansonsten bedeutet *cibi* (mit einem kurzen Ton): das Böse, das Falsche, Unmoral oder ein schlechtes Ding. Der Leser ist eingeladen, hier selbst eine kleine Sprach- und Übersetzungsübung durchzuführen. Es wird schnell deutlich werden, warum BaJudith uns nicht loben konnte.

Wir lachten und hatten wieder etwas gelernt. Aber wir sahen auch die einfachen Verhältnisse, in denen sie lebte. Es war schwer, sich selbst und das eigene Leben in solchen Umständen vorzustellen.

In der Höhle des Löwen?

Jeden Morgen um sechs Uhr tönte das Glockengeläute der mächtigen Kirche zu uns herüber. Es war gleichzeitig die Einladung zur Frühmesse. Das Sprachzentrum gab seinen Studenten die Freiheit, daran teilzunehmen oder nicht. Auf der anderen Seite hätten unsere katholischen Kollegen es gern gesehen, wenn wir alle geschlossen die Messe besucht hätten.

Besonders an den Sonntagen wurden die unterschiedlichen konfessionellen Prägungen deutlich. Der protestantische Flügel beschloss, eigene Zeiten der Andacht und des Gebets zu etablieren. Wir handelten aus Überzeugung und wollten das Banner der Reformation unbeirrt hochhalten.

Im Nachhinein erscheinen Dinge oftmals in einem anderen Licht. Obwohl wir sowohl mit unseren Mitstudenten, die mit Ausnahme von John und Amelia alle katholisch waren, als auch mit Wim, Oger und den anderen Patres hervorragend zurechtkamen, existierte doch eine unsichtbare Wand zwischen ihnen und uns.

Vielleicht lebte in mir das Denken, dass Ilondola mehr als nur ein Sprachzentrum sei. Ich verstand es wohl eher als den *incende ye nkalamo,* den »Platz der Löwen«, wie dieser Ort in früherer Zeit genannt worden war. Wer sich in diese »Höhle des Löwen« begebe, müsse damit rechnen, verschlungen zu werden.

Jede Woche gab es an einem Abend ein besonderes Programm. Es lief unter der Bezeichnung *Culture Studies* (Kulturstudien). Daran waren in erster Linie Wim, Oger sowie andere Missionare des Ordens, aber auch wir Studenten beteiligt.

Jeder dieser Abende stand unter einem besonderen Thema, in das die jeweiligen Referenten einführten, bevor sich ein Austausch anschloss. Ich bekam Einblicke in Dinge, von denen ich bisher wenig bis überhaupt keine Ahnung hatte. Besonders Louis Oger hat mich sehr beeindruckt.

Louis Oger war ein außergewöhnlicher Mann. Er hatte geschafft, was ich noch mühsam würde lernen müssen: Er war – in einem fremden Umfeld und in seiner Arbeit als Missionar in verantwortlichen Positionen – durch die harte Schule der Reflexion und Selbsterkenntnis gegangen. In seinem Dienst muss es wohl immer wieder zu einer Auseinandersetzung zwischen römisch-katholischer Lehre, Bibelstudium, Bemba-Kultur und persönlicher Glaubenspraxis gekommen sein. Er konnte mit seiner Missionsgeschichte auch kritisch umgehen, hinterfragte stets den Status quo – ob bei sich selbst, auf seiner Station oder in seiner Kirche –, wo dieser in der Gefahr stand, zum Selbstzweck zu werden.

In einer seiner zahlreichen Publikationen kommt er auf die Frage zu sprechen, ob Jesus über der Kultur oder die Kultur über Jesus stehe. Er beantwortet diese Frage mit dem Hinweis, dass es vielerorts üblich geworden sei, die gute Nachricht von Christus im Licht der »Trophäen« einer Kultur, also ihres Erbes und ihrer Errungenschaften, zu sehen, zu interpretieren und zu bewerten, anstatt den umgekehrten Weg zu gehen, nämlich eine Kultur im Licht der Frohen Botschaft zu hinterfragen. Christus will aber, so Oger, der Same in der Bodenstruktur jeder Art von Denken sein, egal wie modern oder traditionell dieses Denken ausgerichtet sein mag. Mit anderen Worten, Christus will Gestalt gewinnen, wo immer sein Evangelium in den Kulturen der Welt die Herzen der Menschen erfasst. So wie er in Fleisch und Blut, als Mensch in die Kultur des damaligen Palästina eintauchte, so kommt er auch heute noch als fleischgewordenes Wort in unsere Welt, in die Vielzahl der Völker und die Vielfalt ihrer Kulturen. Was er von uns Menschen will, ist die persönliche Hingabe an ihn.

Wir sahen uns in den folgenden Jahren verschiedene Male, leider immer nur kurz. Heute bedaure ich, dass ich nicht schon damals das intensive Gespräch und den Austausch mit ihm gesucht habe. Vielleicht spielte mir das »In der Höhle des Löwen«-Syndrom einen Streich. Ich erkannte erst später, über welch wichtige Dinge Oger in seinem Missionarsdasein reflektiert und gearbeitet hatte. Manche Dinge müssen im Leben als verloren und verpasst akzeptiert und können nicht *any time from now* nachgeholt werden.

Die Container-Odyssee

Ende November beendeten wir die Zeit im Ilondola-Sprachzentrum. Unsere Lehrer schickten uns mit der Ermutigung, auch weiterhin fleißig am Bemba-Lernen dranzubleiben, in unsere zukünftigen Aufgaben. Wir fuhren zurück nach Kasama. Dieses Mal erwartete uns keine unangenehme Überraschung, als wir das Bankgelände betraten und unsere Chalets in Augenschein nahmen. Alle beiden Gebäude blinkten mit renovierten Dächern. Der Bankmanager hieß uns willkommen und berichtete stolz, dass er das Projekt noch vor Beginn der Regenzeit hatte abschließen können.

Mittlerweile regnete es fast täglich. Der Regen verwandelte das Land von einem fahlen Grau in ein sattes Grün. Nach jedem Guss dampfte die Erde und erfüllte die Luft mit ihrem satten Geruch. Hin und wieder standen wir einfach unter der Veranda und genossen den feuchten Segen des Himmels.

Etwas fehlte indessen noch zu unserem Glück. Zwar wohnten wir in eigenen vier (eigentlich sogar acht) Wänden, hatten ein dichtes Dach über dem Kopf, waren versorgt mit Strom und fließend Wasser und litten keinen Hunger. Selbst angefertigtes Mobiliar sorgte für bescheidenen Komfort. Aber noch immer lebten wir aus unseren Koffern.

Waschen konnten wir bei Reinhard und Cornelia, die an dem einen Ende der Stadt wohnten. Am anderen Ende wohnten Michl und Bärbel. Ihre Kühltruhe beherbergte auch unsere Vorräte, zumindest solche, die eingefroren werden mussten. Entweder pendelten wir zu Fuß zwischen den beiden Häusern oder besorgten uns eine Mitfahrgelegenheit.

Im März hatten wir in Deutschland unsere Sachen in einen Container gepackt, der für Sambia bestimmt war. Im Durchschnitt rechnete man mit zwei Monaten Transportzeit, manchmal dauerte es auch etwas länger. In unserem Fall waren bereits acht Monate vergangen, ohne dass es definitive Zusagen über die Ankunft des Containers in Sambia gegeben hätte. Unsere Kollegen steuerten ihre eigenen Erfahrungen mit Containertransporten nach Sambia bei.

Einmal, so berichteten sie uns, mussten sie bis nach Daressalam in Tansania reisen und eigenhändig nach dem Transportgut suchen. Mit den Frachtpapieren arbeiteten sie sich durch den weitläufigen Containerterminal im Hafen und lokalisierten nach aufreibender detektivischer Recherche das vermisste Stück. Unter Aufbietung aller diplomatischen Fähigkeiten und nach der Entrichtung afrikanischer »Hafengebühren« gelang es ihnen schließlich, einen Weitertransport nach Sambia zu arrangieren. Die Geschichte hatte ohne Zweifel hohen anekdotischen Wert, gab uns aber wenig Zuversicht für die Lage, in der wir steckten.

Es ging auf Weihnachten zu. Wir hofften sehnlichst, noch vor Heiligabend unsere Sachen aus Deutschland in Empfang nehmen zu können. Deshalb telefonierten wir regelmäßig mit der *Shipping Agency* (Transportfirma) in Ndola. Aber aus der Ferne, ohne persönliche Begegnung mit den Menschen, die mit diesem Auftrag betraut waren, erreichten wir so gut wie nichts.

Dann schien endlich Bewegung in die Sache zu kommen. Der Container sei aufgetaucht, versicherte man uns am Telefon. Das Problem liege in Daressalam im Containerterminal am Hafen. Man bemühe sich umgehend, etwas zu erreichen, könne aber nichts versprechen. Schöne Aussichten.

Wieder gab es Nachrichten: Der Container befinde sich auf dem Weg nach Sambia. Freudengefühle erfüllten uns. Endlich schien die lange Afrika-Safari unserer Sachen ein glückliches Ende zu finden. Nun konnten wir ernsthaft daran denken, eine Fahrt nach Ndola vorzubereiten, und wenn alles gut gehen würde, könnten wir gerade noch vor Heiligabend wieder zurück sein. Ein Tag hin, ein bis zwei Tage in Ndola und ein Tag zurück, so planten wir.

Tatsächlich kam die Reise zustande. Mit George, unserem einheimischen Bruder, fuhr ich die lange Strecke mit dem Fahrzeug samt Anhänger unserer Kollegen in den Copperbelt. Rita blieb zu Hause. Gespannt und voller Erwartung betraten George und ich am nächsten Morgen das Büro der Agentur.

Mit den Papieren in der Hand fragten wir uns durch und fanden den Mann, der für Containertransporte mit der Bahn von Daressalam zuständig war. Wie immer kam es zum üblichen *small talk* über das Wohlbefinden der Familie, wie der Morgen sei, wie ich Sambia fände und dergleichen mehr. Mich interessierten allerdings andere Dinge. Fakten wollte ich hören.

Die Geschichte nahm komische Züge an. Die Auskünfte, die ich erhielt, waren nicht schlüssig. War der Container nun gelandet und für den Zoll bereit oder nicht? Mehr und mehr kristallisierte sich heraus, dass es nichts Konkretes gab und unser Unternehmen »Container-Irrfahrt« in eine neue Phase eintrat. Am meisten wurmte mich das Verhalten des Sachbearbeiters. Ein klares Nein gab es nicht und doch war die Sache klar.

Erneut schipperte ich durch die untiefen Gewässer indirekter Kommunikation. Er machte keinerlei Anstalten, uns wirklich zu helfen. Im Gegenteil. Er bedaure die Situation außerordentlich, wollte er uns glauben machen, aber im Moment sei hier Endstation. Dieses Gefühl hatte ich auch.

»Vergeltet nicht Böses mit Bösem ...«

In mir kochte es. Was bildete dieser Mensch sich ein! Er dachte wohl, wir seien zum Spaß die Höhe und Breite Sambias abgefahren, nur um mit ihm in seinem Büro ein Katz-und-Maus-Spiel zu üben, ein Plauderstündchen zu verbringen und aus seinem Mund ein lausiges Bedauern zu erhaschen!

Am liebsten hätte ich ihm ordentlich die Meinung gesagt. Der Gedanke, unverrichteter Dinge wieder die lange Fahrt nach Hause antreten zu müssen, ließ mich noch wütender werden. Ich war nahe daran, kräftig auf den Tisch zu hauen und meinem Ärger Luft zu machen.

Plötzlich schoss mir ein Gedanke durch den Kopf. Nein, es war kein Gedanke, sondern ein Bibelwort:

»Vergeltet nicht Böses mit Bösem oder Scheltwort mit Scheltwort, sondern segnet vielmehr, weil ihr dazu berufen seid, dass ihr den Segen ererbt« (1. Petrusbrief 3,9).

Aus welcher Tiefe tauchten diese Worte in meinem seelischen Sturm auf? Ich hatte sie weder gerufen noch eingeladen, mir in diesem Moment Gesellschaft zu leisten. Ich wusste nur eins: Einen Segen wollte ich in diesem Augenblick an diesen unfreundlichen Menschen nicht verschwenden. Klar und deutlich sprach es jedoch in meinem Innern: »Vergeltet nicht Böses mit Bösem ... segnet vielmehr ...«

Was ich auch unternahm, ich konnte den Bibelvers nicht loswerden. Die Worte hatten Macht und umklammerten meinen Ärger. Nahmen mich ganz in ihre Ausstrahlung mit hinein. Ich bin überzeugt, hier war der Herr an meiner Seite. Sein Geist flüsterte meinem Geist Worte der Versöhnung und des Segens zu.

»Sir«, wandte ich mich dem Menschen zu, »diese Angelegenheit ist sehr wichtig für mich und meine Frau. Wir waren schon sehr geduldig und möchten die achtmonatige Container-Odyssee gerne beenden. Bitte tun Sie alles, was in ihrer Macht steht. Gott segne Sie in ihrer Arbeit.«

Auf mich allein gestellt, hätte ich diese Episode nicht auf diese Art beenden können. Christus in mir, so verstehe ich es, ist konkrete Lebensrealität. Die Gegenwart von George war mit Sicherheit ein weiterer Faktor. Wahrscheinlich war er mit Stoßgebeten zum Himmel beteiligt. Anstatt materiellen Segen in Empfang zu nehmen, teilten wir einen Segen aus. Wie anders sind doch die Realitäten des Reiches Gottes.

Und trotzdem – für uns war hier und heute Endstation. Ohne Erfolg, mit leeren Händen, aber nicht mit leeren Herzen verließen wir die Agentur. Alles Weitere würde unser Gott wissen.

Umgehend machten wir uns auf die lange Heimfahrt. Es war gut, mit George unterwegs zu sein. Er war ein ausgezeichneter Kamerad. Wir ermutigten uns gegenseitig und fanden durch Geschichten wieder zum Lachen.

Tausend Scherben, Insekten und Dunkelheit

»Päng!!!« – und die Windschutzscheibe zerbarst in tausend Scherben.

Völlig unvorbereitet gerieten George und ich in eine äußerst bedrohliche Lage. Durch einen Steinschlag waren wir plötzlich unmittelbar und ungewollt mit der Außenwelt in Berührung. Jetzt machte sich der große Nachteil der Scheibe bemerkbar, denn sie war nicht aus Verbundglas gefertigt, was in dieser Situation bedeutend besser gewesen wäre. Stattdessen zertrümmerte das Geschoss die Frontscheibe in unzählig viele kleine Trümmer.

Wie durch ein Wunder konnte ich uns in der Spur halten und bremste das Gefährt samt Anhänger langsam herunter. Glücklicherweise hatte dieser Streckenabschnitt einen breiten Seitenstreifen, den wir nutzten, um die Fahrbahn frei zu machen.

Direkt neben dem Seitenstreifen schlängelte sich ein größerer Weg entlang, auf dem wir schließlich zum Stillstand kamen. Überall im Wageninnern waren Unmengen von Scherben. George saß auf dem Beifahrersitz und war übersät mit weißen Kristallstücken. Er glitzerte wie ein reich dekoriertes Ausstellungsstück.

Eine erste Bestandsaufnahme ergab, dass wir weitgehend unversehrt waren. George hatte mehrere Schnittwunden an beiden Unterarmen und im Gesicht, die aber nicht wirklich besorgniserregend waren. Mein Hut hatte mich vor Verletzungen im Gesicht bewahrt. Kleinere Schnitte fühlte ich am Hals sowie an beiden Armen.

Wir stiegen aus und sahen uns um. Wo vorher die Scheibe gewesen war, gähnte uns ein großes, breites Loch entgegen. An beiden Seiten des Rahmens steckten noch Reste der Scheibe. Schöne Bescherung.

Was war geschehen? Für eine Weile waren wir hinter einem LKW mit Anhänger gefahren. Ein Überholvorgang war nicht möglich gewesen. Auf dem bis zum Maximum mit Ware beladenen Anhänger hatten sich Menschen aufgehalten, Passagiere, die eine günstige Mitfahrgelegenheit gesucht und gefunden hatten.

Ich erinnerte mich, dass mir in jener Gruppe ein Jugendlicher aufgefallen war, der uns stets im Visier gehabt und andauernd beobach-
tet hatte. Ich meinte, kurz vor der Katastrophe noch einen erhobe-
nen Arm gesehen zu haben. Alles andere blieb Spekulation.
Beweisen konnten wir nichts.

Nachdem wir über den ersten Schock hinweg waren, begutachte-
ten wir das Fahrzeug genauer. So gut es ging, entfernten wir die
Scherbenpracht samt dem Scheibengummi mit den Resten der
Frontscheibe. Vor uns lagen noch etwa 700 km, und es war bereits
Mittagszeit. Schaulustige Zuschauer blieben nicht aus. Unter ihren
Blicken und Kommentaren taten wir, was nötig war.

Froh, mit fast heiler Haut davongekommen zu sein, setzten wir
unsere Fahrt fort. Ein Problem waren die Insekten und andere Flug-
körper. Ohne den Schutz der Scheibe waren wir ihren Kamikaze-
angriffen hilflos ausgeliefert. Gut, dass wir Sonnenbrillen hatten.

Das andere Problem konnten wir nicht so leicht lösen. Es war
Regenzeit. Jederzeit könnten wir in einen tropischen Regenguss
geraten. Dann wäre sicher Schluss mit lustig. Außerdem standen
wir in der Gefahr, durch die Verzögerung von der Dunkelheit
überrascht zu werden. Stopps und Pausen konnten wir uns kaum
mehr erlauben, und so fuhren wir, so schnell es unter den gegebe-
nen Umständen eben möglich war, auf der Great North Road gen
Kasama.

Erneut war ich sehr dankbar, in George einen guten Bruder zur
Seite zu haben. Er jammerte nicht, machte keine Vorwürfe und
dankte Gott für Bewahrung vor noch größerem Unglück, das uns
mit Leichtigkeit hätte treffen können. Die Reise verlief ohne weitere Zwischenfälle.

Lästig hingegen waren die *road blocks,* die Barrikaden der Poli-
zeikontrollen. Man wusste nicht, in welcher Laune die Uniformierten ihren Dienst versahen. Das Frage-Antwort-Spiel war einfach
nervig. Doch wir kamen gut voran, aber vor Einbruch der Dunkelheit würden wir es keinesfalls mehr schaffen. Das war klar. Dann
würde es auch um einiges kälter werden.

So geschah es auch. Auf dem letzten längeren Teilstück brach die
Dunkelheit über uns herein. Anfangs ging es noch recht gut. Die
Abenddämmerung reichte aus, um das größere Umfeld der Straße zu

erfassen. Bald schon aber war es Nacht und mit ihr kam die Kühle. Die Nordprovinz liegt im Schnitt etwa 1300–1400 m über dem Meeresspiegel. Das heiße Afrika war anderswo.

George kramte alle warmen Klamotten hervor, die er finden konnte. T-Shirts und Hemden zogen wir an. Handtücher banden wir uns wie Beduinentücher um den Kopf. Wir hätten bestimmt ein brauchbares Bild für Prospekte abgegeben, in denen Safaris und Expeditionen den abenteuerlustigen Touristen angepriesen werden.

Die schlechte Straße erforderte unsere absolute Aufmerksamkeit. Die Schlaglöcher waren enorm gefährlich. Noch hatten wir eine Stunde Fahrt zu bewältigen. Wie sehnten wir uns nach einer guten Mahlzeit, einer warmen Dusche und den übrigen Annehmlichkeiten unseres Zuhauses!

Dann kam leichter Regen hinzu.

»Hoffentlich geraten wir nicht in ein Gewitter«, fasste ich meine Befürchtung in Worte. »Das wäre fatal.«

George war wie immer gefasst.

»*No, brother, the Lord is watching us.*« (»Nein, Bruder, der Herr wacht über uns.«) So ermutigte er mich.

Die Nacht machte es unmöglich, den Himmel nach dunklen Wolken abzusuchen. Wir mussten einfach weiter.

Inzwischen waren wir wohl schon in Reichweite der Funkgeräte von Kasama und hoffen, Signale von ihnen zu empfangen. George leierte unverdrossen in das Mikrofon:

»*Mike Papa, Mike Papa, do you read me?*« (»Mike Papa, Mike Papa, könnt ihr mich hören?«)

Eine Antwort blieb aus. Mit jedem Kilometer, den wir näher an Kasama herankamen, stiegen jedoch die Chancen, eine Antwort zu bekommen. George leierte unbeirrt die Standardphrase »*Mike Papa, Mike Papa, do you read me?*« in das Mikrofon hinein.

Plötzlich kamen Geräusche durch. Nach einigen Kilometern hörten wir Wortfetzen. Noch etwas später konnten wir eine Nachricht absetzen. Neu beflügelt nahmen wir die restliche Strecke in Angriff. Unversehrt und ohne in einen Regenguss geraten zu sein, fuhren wir einige Zeit später die Anhöhe nach Kasama hinauf.

Noch ein wenig später war es geschafft. Wir waren geschafft. Unsere Wünsche nach einer ordentlichen Mahlzeit, einer warmen Dusche und anderen Annehmlichkeiten gingen alle in Erfüllung. Hinter der bewahrten Fahrt verblasste die Enttäuschung über die unerledigte Mission in Ndola. Eines war jedoch sicher – in Kürze oder *any time from now* stand die nächste Reise bevor.

»Madam, I have come for breakfast!«

Es war also nicht gelungen, unsere Sachen vor Weihnachten nach Kasama zu holen. Trotzdem machte unser erstes Weihnachtsfest in Afrika Sinn. Ohne Schnee und das sonst übliche deutsche Festambiente, vor allem ohne großen Rummel, begingen wir Heiligabend. Wir hörten die Botschaft und ließen uns von ihrem Inhalt ermutigen und stärken: Gott wurde Mensch.

In hörender Stille und abgespeckten Festtagsprogrammen kann ein Mensch in dieser Botschaft etwas entdecken, was sonst im Lärm der Zeit unterzugehen droht. Mit unseren einheimischen Brüdern und Schwestern feierten wir den Weihnachtsgottesdienst am 25. Dezember. Weihnachten war hier eine gute Nachricht und weniger ein Fest mit Baum, Kugeln, Schmuck und Kerzen.

Nach Weihnachten kam erneut Bewegung in die Container-Safari. Diesmal sei der Container wirklich in Ndola gelandet, versicherte uns die *Shipping Agency*. Alles sei für den Zoll vorbereitet. Unsere Anwesenheit sei nun dringend erforderlich. Das war ein Wort. Die Chance, das Projekt Container-Heimholung im zweiten Anlauf erfolgreich zu beenden, war groß. Diesmal waren die Strapazen nicht umsonst. Wie Helden kamen wir uns vor, als wir die neunmonatige Odyssee unseres Hausrats glücklich zu Ende brachten. Voll beladen fuhren wir im Triumphzug mit unserer Beute gen Norden. Es war Silvester. Was für ein Abschluss eines überaus ereignisreichen Jahres!

Wir gewöhnten uns gut in Kasama ein. Der Kreis unserer Bekanntschaften wurde größer und wir konnten an bestimmten Projekten teilnehmen. Mit Kabwe und Gilbert entwickelte sich eine engere Freundschaft. Sie hatten ein Herz für Gemeindearbeit in den Dörfern außerhalb von Kasama. Dort lief alles in Bemba. Das war die richtige Umgebung für uns.

Beide waren stolze Besitzer einer *Honda 110 Trail* in der üblichen roten Farbe. Wer solch ein Fahrzeug besaß, hatte immerhin »Transport«. Das war auch das Wort für »Fahrzeug« oder »Transportmittel«. Transport war ein Dauerproblem.

Leider war durch »Transport« nicht nur Freude zu gewinnen, sondern mit ihm kamen Ausgaben und Sorgen. Die Straßenverhältnisse nahmen die Hondas über die Jahre ziemlich mit. Reifen wurden nur dann gewechselt, wenn es wirklich nicht mehr zu vermeiden war. Blinker waren verzichtbare Accessoires, Bremsen oft weit jenseits der nötigen Zuverlässigkeit. Hinzu kam, dass derjenige, der so ein Gefährt besaß, allerlei Transporte für andere zu erledigen hatte. Der großzügige Gepäckträger der Honda 110 machte sich viele Freunde.

Gilberts Vehikel war das dienstältere von beiden. Dementsprechend zeigte es unverkennbare Gebrauchsspuren und Ermüdungserscheinungen. Reparaturen wären dringend nötig gewesen, doch Gilberts spärliches Gehalt hatte für so etwas nur selten Spielraum.

Wer in der Gemeindearbeit nach Reichtum strebte, musste entweder eine fürsorgende Gemeinde im Rücken haben, korrupt werden, lukrative Nebentätigkeiten ausüben, einen hohen Posten anstreben, Auslandskontakte haben oder es schlicht bleiben lassen. Gilbert hatte noch wollte nichts von alldem, aber die Gemeinde- und Entwicklungsarbeit deswegen zu lassen kam für ihn nicht in Frage.

Rita und ich besaßen keinerlei »Transport«. Weder ein Vierrad noch ein Zweirad. Es war nicht so, dass sich dahinter eine ausdrückliche Absicht versteckt hätte. Es gab Pläne für ein Auto, aber auch in dieser Sache war Geduld gefragt. Wegen der Priorität, Bemba zu lernen, pflegten wir die Kontakte in den Dörfern mehr und mehr. Einmal war ich über Nacht an einem Einsatzort geblieben.

Rita war allein in unseren Chalets, umgeben von einer Mauer und bewacht von Paramilitärs. Frühmorgens klopfte es an die Tür. Unmittelbar darauf klopfte es ein zweites Mal. Eigentlich war ausgemacht, dass ich erst im Laufe des Tages zurückkommen würde, weshalb Rita mich so frühmorgens nicht erwartete. Aber wer sollte sonst so früh etwas von ihr wollen?

Nach einer kurzen Überlegungspause öffnete sie doch die Tür. Vor ihr stand einer der Wachsoldaten in voller Montur.

»Madam, I have come for breakfast« (»Madam, ich bin zum Frühstück hier«), gab er im Appellton zu verstehen.

Interessant. Wie in aller Welt war es nur zu diesem Arrangement gekommen? Im Mietvertrag stand davon nichts. Wer hatte ihn wohl auf diesen glorreichen Gedanken gebracht?

Im ersten Moment musterte Rita sprachlos die Erscheinung, dann erlangte sie ihre Fassung wieder.

»*Sir*«, meinte sie, »*you are late. Breakfast time is over. I have already had my breakfast. I don't think you have had an arrangement for breakfast with my husband. I'm sorry but you will have to leave now.*« (»Sir, Sie sind zu spät! Das Frühstück ist vorbei. Ich habe bereits gefrühstückt. Ich glaube nicht, dass Sie eine Verabredung zum Frühstück mit meinem Mann hatten. Es tut mir leid, aber Sie können nicht bleiben.«)

Vermutlich hatte er damit gerechnet, bei der weißen Madam solch einen Service bekommen zu können, da Barmherzigkeit und Wohltat doch zum Auftrag der Kirche gehörten!

Es zeigte sich wieder einmal, wie anders Dinge in Sambia sein können. »Gäste« kreuzten unangemeldet – und wie der Leser bereits weiß – *any time from now* vor der Haustür auf.

Von Eden kann keine Rede sein

Von Gary und Meta, Simon und Mary war bisher noch nicht die Rede. Sie gehörten als Familie zusammen, waren Amerikaner und mit einer amerikanischen Mission in der Gemeindearbeit tätig. Sie wohnten ebenfalls in Kasama, und zwar am Südosthang der Stadt. Ihr Gelände gehörte mit zu den schönstgelegenen Grundstücken der ganzen Stadt. Sie profitierten von ihren Vorgängern, die in den 1970er-Jahren nach dem Motto handeln konnten: »Wer zuerst kommt, mahlt zuerst.«

Ganz bewusst hatten diese aber auf Großspurigkeit verzichtet und ein einfaches Haus gebaut. Zugegeben, die Veranda war großzügig, aber von pompös konnte nicht die Rede sein. Zu den Immobilien gehörte ein schnuckeliges Gästehäuschen und ein *workshop* (Werkstatt) mit einem ausrangierten Container, der als sicherer Stauraum genutzt wurde.

Schon unmittelbar nach unserer Ankunft in Kasama im Juni des vorangegangenen Jahres waren wir mit ihnen bekannt geworden und hatten von Beginn an freundschaftliche Beziehungen zueinander gepflegt.

Gary und Meta waren wirklich offenherzige Menschen, die sich nicht von uns abgrenzten, obwohl wir zu einem anderen »Stall« gehörten, und die uns ihre viel größere Erfahrung nicht spüren ließen. Immerhin waren sie damals schon dreizehn Jahre im Land. Vielmehr öffneten sie uns ihr Haus und gaben, wo gewünscht, ihren großen Erfahrungsschatz preis. Gary sprach fließend Bemba. Das ermutigte mich, an der Sprache dranzubleiben.

Es stellte für Gary kein Problem dar, uns oder nur mich auf seine Exkursionen in die Dörfer mitzunehmen. Sonntags war eine ideale Gelegenheit, zusammen mit ihnen zu ihren Außenstationen zu fahren und in eine Bemba sprechende Umgebung einzutauchen.

An einem Sonntag Anfang Januar 1990 hatten sie eine Fahrt zu so einer Außenstation geplant. Sie lag etwa 65 km von Kasama entfernt. Normalerweise wäre das nichts Außergewöhnliches gewesen. Auf der Landkarte ließ sich die Route gut ausmachen. Musheto war klar und deutlich eingezeichnet. Wir müssten nur der Great North Road (Hauptstraße in den Norden) Richtung Süden folgen, nach 60 km rechts abbiegen und würden nach weiteren 5 km durch recht unwegsames Gelände schließlich am Zielort einfahren.

Allerdings hatte die Sache einen Haken. Folgt man der genannten Hauptstraße etwa 60 km in südlicher Richtung, gelangt man an eine Rechtsabzweigung. Kurz danach kommt der Lukulu-Fluss, den es zu überqueren gilt. Nicht weit vom Fluss entfernt befindet sich das Dorf. Aber es gab keine Brücke über den Fluss. Somit war mit einem Auto die kurze Route nicht machbar. Es musste eine andere Strecke gewählt werden, die einen beachtlichen Umweg mit sich brachte.

Nun hieß die Marschrichtung nicht Süden, sondern zunächst einmal Westen. Wir folgten der Hauptverkehrsstraße, die die Nordprovinz mit der Luapula-Provinz verbindet, in westlicher Richtung. Nach geraumer Zeit trafen wir auf eine Brücke, die einen relativ breiten Fluss überspannte. Wir blieben auf dem Highway, bis wir endlich die Abzweigung erreichten, die uns wieder Richtung Süden führte.

Immer häufiger mussten wir die noch gut befahrbaren Wege verlassen, bis schließlich überhaupt kein Weg mehr zu erkennen war. Noch vor wenigen Wochen hätte man hier ohne Weiteres dem Weg durch den dichten Busch folgen können. Aber der Segen spendende Regen hatte dichtes Gras und Buschwerk wachsen lassen. Wiederholt zwang uns der nur schwer erkennbare Weg zum Schritttempo. Viel Verkehr schien es in dieser Gegend nicht zu geben. Plötzlich hieß es Stopp.

Das letzte Gewitter musste sehr heftig gewesen sein. Ein Blitz hatte einen Baum förmlich niedergestreckt. Da lag er nun – quer über die Fahrbahn hatte es ihn geworfen. Genau über dem Weg formte der gebogene Stamm einen natürlichen Tunnel. Würden wir hindurchfahren können? Wir stiegen aus, begutachteten die Lage und beschlossen, es zu wagen.

Wir hatten Glück. Genau eine Handbreit war zwischen dem Baum und dem Dach unseres Geländewagens Platz. Wir nahmen wieder Fahrt auf und folgten dem Weg durch menschenleere Gegenden. Der Regen hatte ein vielfältiges Grün hervorgebracht. Überall strotzte die Vegetation vor Leben.

Zweieinhalb Stunden hatte uns der Umweg gekostet. Schließlich kamen wir ohne weitere Zwischenfälle in Musheto an. Kaum hatten wir unsere Köpfe gezeigt, entstand ein Auflauf und im Nu waren wir von Menschen umringt.

»Mwapoleeni mukwai«, erschallte der Willkommensgruß aus vielen Kehlen gleichzeitig. Andere begrüßten uns mit *»Mulishani mukwai«*. Dazwischen krächzte es aus einer Kinderkehle: *»Aba Musungus baisa, aba Musungus baisa.«* (»Die Weißen sind da, die Weißen sind da.«)

Allmählich beruhigte sich die Lage und wir steuerten auf die Kirche zu. Natürlich war klar, dass heute die Gäste zu Wort kommen sollten. Man erwartete von Gary eine Predigt. Klar war auch, dass man sich nach uns erkundigen und eventuell auch einen Beitrag wünschen würde. Gary musste der versammelten Gemeinde Rede und Antwort stehen. Er gestaltete alles sehr einfach, aber grundsätzlich. Anhand von ausgeteilten bildlichen Notizen sollte es jedem möglich sein zu folgen.

Im Anschluss an den Gottesdienst wurde eine »Ältestenversammlung« anberaumt. Ein Tagesordnungspunkt erhitzte die Gemüter besonders stark: Schon vor Längerem war zwei Mitgliedern der Gemeinde von einem anderen Missionar je ein Hund versprochen, sprich verkauft worden. Auf seine Bitte hin hatten wir die zwei kleinen Vierbeiner mitgenommen, um sie wie abgemacht abzuliefern.

Im Verlauf der Diskussion stellte sich dann heraus, dass einer der beiden Käufer nicht anwesend und auch nicht auf die Schnelle ausfindig zu machen war. Etwa eine Stunde lang suchte der »Rat« eine Lösung, was nun mit dem anderen Hund geschehen solle. Jeder versuchte, mit schlagkräftigen Argumenten darzulegen, warum es nicht möglich sei, den Welpen solange in Obhut zu nehmen und den ausgemachten Kaufpreis von 75 Kwacha (damals ca. 5,80 DM) auszulegen, bis der Kaufwillige ihn in Empfang nehmen könne.

Am Ende kristallisierte sich heraus, warum wir unerledigten Auftrags wieder heimkehren und Klein Bello einer ungewissen Zukunft entgegenblicken müsste:

Keiner wollte und konnte es sich erlauben, seine finanzielle Lage und damit seinen wirtschaftlichen Erfolg offenzulegen. Wäre einer der Männer bereit gewesen, den Betrag vorzustrecken, hätte jeder gewusst, dass hier 75 Kwacha »auf der hohen Kante« lagen.

Denn hier herrschte die Philosophie, nur für das Allernötigste zu sorgen und darüber hinaus keine Anstrengungen zu machen (obwohl sie damit weit hinter ihren Möglichkeiten zurückblieben). Irgendwie brachten sie es meisterhaft fertig, am Existenzminimum zu leben.

Bricht einer aus diesem Gefüge aus und bringt es zu etwas, kommt es über kurz oder lang zu einer Zerreißprobe. Entweder er wird zum Außenseiter und verlässt früher oder später doch alles oder er gibt dem Druck der anderen nach und verteilt mit vollen Händen seine Mittel an alle, die glauben, einen Anspruch darauf anmelden zu können. Ein Nein zum Teilen ist eine kulturelle Unmöglichkeit.

Außerdem spielten gewisse Ängste im Hintergrund des sozialen Netzwerks im Dorf eine Rolle. Falls jemand sich doch bereit erklärt hätte, den Hund vorübergehend zu sich zu nehmen und das Tier wäre in seiner Obhut krank geworden oder gar gestorben, wäre das mit Sicherheit eine schlimme Sache für den Betroffenen geworden. Sehr schnell hätte es Schuldzuweisungen gegeben und den Vorwurf des Schadenzaubers. Das Leben im Dorf, ein ohnehin immer unter Spannung befindliches soziales Gefüge, wäre einmal mehr aus den Fugen geraten.

Das idyllische Leben traditionaler Gruppen auf dem Hochplateau der Nordprovinz Sambias ist weit entfernt von dem, was Napoleon Chagnons Anthropologie-Bestseller *Yanomamö: The Last Days of Eden* zu suggerieren versucht. »Eden« gibt es weder bei den Yanomamö im Dschungel des Amazonas noch bei den Bemba im Busch im hohen Norden Sambias. Nötig sind Brücken der Menschlichkeit und Befreiung aus jeder Art von Unmenschlichkeit.

Tanganjika: Quittung, Flugzeug, Boot und Fisch

Januar 1990. Hinter uns lagen anstrengende Monate in Ilondola. Wir waren dort so abgeschieden gewesen, dass die Ereignisse, die im Herbst 1989 Deutschland und (fast) die ganze Welt berührt hatten, beinahe unbemerkt an uns vorübergegangen waren. Nach unserer Rückkehr vom Ende der Welt hatte die Container-Story an unseren Nerven gezerrt. Nun endlich wohnten wir in unseren Chalets, konnten uns einrichten und uns neuen Aufgaben widmen.

Durch glückliche Umstände wurden uns zwei Plätze in einer Lodge am Tanganjika-See angeboten. Ich war immer dafür zu haben, die nähere und weitere Umgebung unseres Gastlandes zu erkunden. Kurz entschlossen nahmen wir das Angebot an und freuten uns darauf, einige Tage die Naturwelt der Uferregion am südwestlichen Zipfel des 600 km langen Sees kennenzulernen.

Die Nkamba Lodge bot Ruhe und Abgeschiedenheit. Vor allem aber kamen wir in engen Kontakt mit der vielfältigen Tierwelt dieser Gegend. Außerdem gab es das reizvolle Angebot, auf dem See fischen zu gehen.

Der Tanganjika-See bietet eine hervorragende Auswahl an Forellen, Barschen, *Yellow Bellies*, Welsen und dergleichen mehr. Der See machte mich glücklich. Mehrmals kam ich mit einem guten Fang in die Lodge zurück. Wir hatten wirklich erholsame Tage. Aber auch schöne Tage gehen einmal zu Ende und wir mussten wieder zurück nach Kasama.

Die Lodge lag in einer versteckten Bucht, die nur mit dem Boot erreicht werden konnte. So wurden wir am Tag der Abreise angewiesen, in das eine Boot zu steigen, während unsere Koffer in einem zweiten Boot verstaut wurden. Wohl war uns dabei nicht, doch wir konnten den Manager nicht dazu bewegen, seine Idee aufzugeben. Das sollten wir noch bereuen.

Wenige Minuten später saßen wir im Boot, der Motor heulte auf und es ging über einen kräftig aufgewühlten See. Nach 40 Minuten stürmischer Fahrt erreichten wir das andere Ufer und gingen an Land. Dort wurden wir schon mit Spannung erwartet. Die zuständige Servicekraft gab uns zu verstehen, dass es höchste Zeit sei.

»Bitte kommen Sie schnell, das Flugzeug fliegt jeden Augenblick ab!«, rief sie uns zu.

»Jeden Augenblick« – was heißt das schon in Afrika. Zeit ist doch hier kein wirkliches Kriterium. Außerdem mussten wir auf unsere Koffer warten. Das andere Boot war noch nicht eingetroffen. Ja es war noch nicht einmal in Sicht.

Unterdessen wurde es auf dem Rollfeld lebendig. Der Landestreifen lag etwas entfernt von den Unterkünften am Strand, sodass die Gäste in der Regel mit einem Busservice hin- und herchauffiert wurden. Die Kasaba Bay Lodge wurde regelmäßig angeflogen, sonst wären wohl keine Gäste in diese weit abgelegene Gegend gekommen. Die Landebahn war den von Bergen eingeschlossenen Uferregionen im wahrsten Sinne des Wortes abgerungen worden. Die Piloten brauchten Übung und Geschick, um ihre Flugzeuge hier sicher zu landen.

Aber zurück zu uns. Wir ahnten Böses. Irgendwie saßen wir in der Klemme. In der Ferne konnten wir den Flieger hören, dessen Pilot seine Flugpläne wohl nach eigenem Gutdünken gestaltete. Sie wissen schon – *African time* meint: *any time from now.*

Und dann waren da noch unsere Koffer. Noch immer waren sie nicht eingetroffen. Ich ärgerte mich. Unser afrikanischer Freund drängte zur Eile, da unsere Maschine hörbar startbereit war. Die Turbinen liefen an. Alles musste schnell gehen.

Neben uns sahen wir den Minibus, der sonst die Gäste hin- und hertransportierte.

»Wo ist der Fahrer?«, fragte ich.

»Keine Ahnung, der ist noch nicht hier«, bekam ich zur Antwort.

»Kann denn sonst niemand fahren?«, wollte ich wissen.

»Nein, Sir, niemand.«

Wir setzten uns trotzdem rein. Ich übernahm das Steuer. Die Schlüssel steckten. Es sah gut aus. Leider hörte es sich nicht gut an. Nichts bewegte sich. Nicht einmal ein leises Husten gab der Kleinbus von sich. »Schieben«, schoss es mir durch den Kopf. Schnell waren einige Helfer zur Stelle und schoben die Blechkiste, was das Zeug hielt. Wir gewannen Fahrt, die Kupplung schnalzte und in Känguru-Manier bewegten wir uns den Weg entlang. Aber dabei blieb es auch. Es war nichts zu machen. Ohne seinen Fahrer fuhr der Wagen keinen Meter weiter.

Ein tiefes Brummen lenkte unsere Aufmerksamkeit wieder auf das Flugzeug. Es klang wirklich ernst. Für einen Scherz ging das allerdings schon ein bisschen zu weit.

Ein Schrecken erfasste uns. »Der wird doch wohl nicht ...!«

Wir klemmten die wenigen Sachen, die uns noch geblieben waren, unter die Arme und rannten auf dem verschlungenen Fußpfad auf den Landestreifen zu. Es dauerte lange Minuten, bis wir keuchend dort ankamen. Fassungslos versuchten wir zu verstehen, was sich vor uns abspielte. Der Flieger war zum Start bereit. Schon setzten sich die Räder des metallenen Vogels in unsere Richtung in Bewegung.

Wir entschlossen uns zum Äußersten. Demonstrativ begaben wir uns auf das Rollfeld und blieben in der Mitte stehen und zwangen so den Piloten, seinen Beschleunigungsvorgang abzubrechen. Da stand er nun. Wie ein großes, brummendes Ungetüm baute es sich vor uns auf. Vermutlich war auch der Pilot nicht weit von einem gewaltigen Brummen entfernt. Jedenfalls winkte er uns nicht freundlich zu.

Dennoch durften wir an Bord und verloren keine Zeit, stürmten die Stufen hinauf und waren schon fast im Innern der Maschine verschwunden. Aber so schnell entließ uns dieser Wildwestflugplatz nicht in die Freiheit. Die örtliche Behörde saß uns buchstäblich im Nacken. Noch bevor wir uns davonstehlen konnten, donnerte hinter uns eine Stimme:

»*Excuse me, Sir, you need to pay your Departure Fee.*« (»Entschuldigen Sie, Sie haben noch Ihre Abfluggebühr zu bezahlen.«)

»Abfluggebühr ...?«, ging es mir durch den Kopf. Ich fragte:

»*How much, Sir?*« (»Wie viel macht es denn?«)

»*You need to pay 50 Kwacha, Sir.*« (»50 Kwacha.«)

Ich kramte nach Geld. Auf den Gesichtern der wenigen Fluggäste machte sich ein Grinsen breit. Selbst der Pilot ließ sich von den Ereignissen erheitern und konnte sich ein Lächeln nicht verkneifen. Schließlich hatte ich aus allen Taschen die nötige Summe zusammen, drückte sie dem Mann eilig in die Hand und zwängte mich den

Gang entlang. Noch bevor ich Platz nehmen konnte, donnerte es erneut hinter mir:

»Excuse me, Sir, you shouldn't leave without your receipt, you know!« (»Entschuldigen Sie, Sie sollten aber nicht ohne Ihre Quittung abreisen!«)

»Receipt, oh yes, Sir, my receipt. Thank you.« (»Quittung, oh ja, Sie haben recht, meine Quittung. Danke.«)

Die Bürokratie kam zu ihrem Recht. Der sorgfältige Beamte (wenn er denn einer war) tat seine Pflicht, stellte das nötige Schriftstück aus, brachte alles zu mir her und wünschte noch einen angenehmen Flug.

Dankbar nahm ich schließlich meinen Platz neben Rita ein. Noch immer fehlten unsere Koffer. Selbst eine Unterredung von Mann zu Mann änderte nichts daran. Der Pilot wollte keine weitere Zeit verlieren und war nicht bereit, noch einige Minuten zu warten. Ungewollt bekamen wir einen Eindruck davon, wie es Noah ergangen sein mochte, als Gott der Herr hinter ihm die Tür verschloss. Der Pilot machte die Luke dicht. Die Turbinen heulten auf. Es gab kein Zurück mehr.

Tja, Pilot sein in Afrika hat etwas für sich. Er kann starten – *any time from now!*

Wenig später kreisten wir bereits über dem See. Glücklicherweise war uns ein Fensterplatz vergönnt und wir genossen den herrlichen Blick. Unter uns preschte ein Boot durch die Wellen. Es kam tatsächlich aus der Nkamba-Lodge-Bucht und bewegte sich in Richtung Kasaba Bay, hinter der sich der Flugplatz versteckte. Wir waren noch nicht sehr hoch und erkannten deutlich seine Fracht. Sie gehörte eindeutig uns. Unsere Koffer schipperten ohne uns, aber immerhin unter uns über den See. Verdutzt sahen wir uns an. Aufregen half nichts, obwohl uns die Frage nach einem Wiedersehen schon bewegte. Wann das sein würde? Nun ja – *any time from now!*

Der Überlandflug war angenehm, und Kasama kam in Sicht. Nach der üblichen Anflugrunde setzten wir zur Landung an und wenig später hatten wir wieder festen Boden unter den Füßen. Freunde empfingen uns und konnten uns mit in die Stadt nehmen. Wenn nur unser Gepäck diesen Augenblick hätte miterleben können!

Unverhofft trafen wir eine Bekannte, die am Flugplatz arbeitete, und erzählten ihr unsere »Koffergeschichte«. Geduldig hörte sie unseren Ausführungen zu und machte einen Vorschlag:

»Ich werde einen Funkspruch nach Kasaba Bay schicken.«

Gesagt, getan. Im Funkraum nahm sie die Angelegenheit in die Hand, setzte sich an das Mikrofon und jagte eine Botschaft durch den Äther:

»Wichtige Meldung an Kasaba Bay. Bitte schickt die zurückgelassenen Koffer des Ehepaars aus Kasama mit der nächsten Maschine nach Kasama. Danke. Ende.«

Das Leben kann so viel angenehmer sein, wenn es hilfreiche Menschen gibt. Mit dem nächsten Flug also. Wir hatten berechtigten Grund zur Hoffnung. Das könnten ja nur einige Tage sein.

Natürlich waren wir dort, als Tage später der nächste Flug aus Kasaba Bay eintreffen sollte. Wie angemeldet landete die Maschine. Aber wir wurden herb enttäuscht. Unsere Koffer waren nicht dabei.

»Wann kommt der nächste Flug?«, fragten wir nach.

»Nächste Woche«, bekamen wir zur Antwort.

Eine Woche später warteten wir erneut gespannt auf die Kasaba-Bay-Maschine. Auf dem Flugplatz war es allerdings seltsam ruhig. Es war fast gar nichts los. Dann trafen wir Personal und erkundigten uns, was los sei.

»Der Kasaba-Bay-Flug fällt heute aus«, teilte man uns mit. »Es war niemand für Kasama dabei. Der Pilot hat gleich seinen nächsten Zielort angesteuert. Nächste Woche wieder.«

Aha, nächste Woche. Es war, als ob wir ein Phantom jagten. Ob wir unsere Koffer je wieder sehen würden? Zweifelnd fuhren wir nach Hause zurück.

In einer Woche kann man viel Frust abbauen ... Wir fuhren erneut zum Flugplatz, um mit Spannung die Ankunft der Kasaba-Bay-Maschine zu erwarten. Diesmal hatte dem Piloten Kasama als Zielort gefallen. Sicher setzte er die Maschine auf dem rot schimmernden Landestreifen auf. In der Ferne war eine große Staubwolke zu sehen, aus der sich langsam die Turboprop-Maschine herausschälte.

Die Ladeluke öffnete sich und das Gepäck wurde auf kleine Wagen geladen. Mit Spannung suchten wir nach dem, was uns gehörte. Da! War das nicht ein schwarzer Koffer? Und dann noch einer. Wir staunten nicht schlecht, als es diesmal wahr geworden war. Unsere Koffer waren endlich wieder aufgetaucht.

Überrascht wurden wir von einem unbekannten Paket, das unseren Namen trug. Kein anderer Fluggast erhob Anspruch darauf, und so nahm ich es in Besitz. Mit Neugier öffnete ich den Karton und fand eine Notiz:

»Bitte entschuldigen Sie vielmals die Unannehmlichkeiten, die Sie hatten. Leider hatten wir Schwierigkeiten mit dem Bootsmotor, als Sie abreisten, und kamen deshalb zu spät. Auch danach lief noch einiges schief. Bitte nehmen Sie diesen Karton mit tiefgefrorenen Fischen als kleine Entschädigung an. Mit freundlichen Grüßen – Nkamba Bay Lodge Manager.«

Unser erster Hochzeitstag

Wie schon erwähnt, waren Sonntage für uns echte Arbeits- und Erlebnistage. Meist waren wir zu Gottesdiensten irgendwo in den Dörfern. Das lag auch daran, dass Gary und Meta uns stets willkommen hießen. Auf diese Art lernten wir nicht nur Gemeinden unseres eigenen Verbandes kennen, sondern auch solche, die einem anderen Verband angehörten.

An einem Sonntag war unser Ziel eine weit abgelegene Außenstation. Frühmorgens machten wir uns auf die lange Reise. Auf engen und beschwerlichen Buschwegen kämpften wir uns vorwärts. Es war Ende Januar, und die Regenzeit machte es uns nicht leichter.

Anfangs ging es noch ganz gut. Doch nachdem wir die geteerten Straßen hinter uns gelassen hatten, begann eine Kurverei und Hoppelei. Die Tiefe mancher Schlaglöcher war nicht zu unterschätzen, ein flexibler Fahrstil geboten. Der wurde von Meta gelegentlich kommentiert, da Gary es ihrer Meinung nach ab und zu übertrieb. Ein Kilometer war unter diesen Gegebenheiten eine schier endlose Distanz. Ab und zu gab es bessere Streckenabschnitte und wir kamen uns vor, als flögen wir nur so über die Sandpisten. Dabei fuhr man vielleicht gerade mal 50 Stundenkilometer schnell.

Lange währte unser Glück meistens nicht. Dann ging alles wieder langsamer und unbequemer. Wenigstens einen Vorteil hatte die Regenzeit: Es staubte bei Weitem nicht so stark wie während der Trockenzeit. Bäume, Büsche und hohes Gras säumten den Buschpfad. Zu fürchten waren Hunde, Hühner, Ziegen oder gar Menschen, die unverhofft aus dem Dickicht auftauchen und plötzlich auf dem Weg stehen konnten. Unfälle blieben manchmal nicht aus und oft folgten dann komplizierte Verhandlungen über die Wiedergutmachung. Wir kamen an diesem Tag heil und ohne Schaden durch. Hin und wieder passierten wir einzelne Gehöfte, und die Menschen winkten und grüßten, sobald sie uns kommen sahen.

Nach für uns unendlich langer Zeit näherten wir uns unserem Ziel. Mittlerweile stand die Sonne hoch und die Hitze war schwer erträglich. Dann lag das Dorf vor uns. In kürzester Zeit wussten alle über unsere Ankunft Bescheid. Die Kinder waren unsere ständigen Begleiter. Überallhin folgten – oder verfolgten? – sie uns. Ganz freche Naturen trauten sich ganz nah heran. Ein aufgeweckter Bursche stellte sich just neben mich und strich mir über die Haut.

Vermutlich prüfte er, ob die Farbe echt sei. Dann zupfte er an meinem behaarten Unterarm und kommentierte den Befund seinen Kumpanen. Plötzlich fingen alle im Kreis an lauthals zu lachen. Er hatte nur getan, was alle anderen auch gerne gemacht hätten, wenn sie nur den Schneid dazu gehabt hätten.

Der Gemeindeleiter tauchte auf, grüßte jeden Einzelnen in Bemba-Manier und lud uns in die Kirche ein. Wie immer saßen Gäste ganz vorne in der »Ehrenloge«. Gab es Stühle oder bessere Sitzgelegenheiten, wurden diese ganz selbstverständlich an die Gäste abgetreten. Dann folgten kurze Verhandlungen, und das Programm war klar: Gäste stellten sich zu gegebener Zeit vor oder wurden gar aufgefordert, ein Grußwort zu sagen.

Die Predigt übernahm der ranghöchste Missionar. Während der ersten Lieder ging ich im Geiste alle Sätze und Vokabeln durch, die ich parat hatte und abrufen konnte. Den Leuten gefiel es, wenn sie Musungus ihre Sprache sprechen hörten. Einfach nur so dabei sein war nicht drin.

Gary fiel die Aufgabe der Predigt zu. Mittlerweile konnte ich ihm einigermaßen folgen, aber sprechen wie er konnte ich nicht. Die Menschen im Dorf wollten es bildhaft, lebhaft und liebten Geschichten. Je besser man sich darauf einstellen konnte, desto größer war die Zustimmung der Zuhörer. Predigen in einer fremden Sprache gelingt nicht von heute auf morgen. Man braucht Ausdauer und Geduld.

Der Gottesdienst endete nach normaler Dauer. Zweieinhalb bis drei Stunden waren vergangen. Inzwischen hatten Frauen ein Mittagessen gekocht. Die Kirchenvorsteher wiesen den Weg und luden zum Essen ein. Wir Männer saßen bei den Männern, die Frauen bei den Frauen. So ist das für gewöhnlich hier. Nach einem Gebet will man keine Zeit verlieren und der Gastgeber gibt den »Start« frei. Essen soll man kräftig, ohne jedoch gieriges Benehmen zu zeigen.

Überhaupt soll es gepflegt zugehen. Ein Sprichwort sagt: *Pa ku-*

lya ni pa malilo – wörtlich: »Beim Essen ist es wie am Trauerplatz.«
Also nicht ohne Grund lachen oder Spielchen machen beim Essen,
auch nicht unaufhörlich sprechen noch große Reden halten.

Der katholische Priester S. L. Chilamo hat eine Reihe Anstands-
regeln oder Tischmanieren der Bemba aufgeschrieben. Als Kost-
probe einige Beispiele:

- Du sollst mit dem *bwali* (Maisbrei) keinen Blödsinn machen.

- Du sollst den Mund nicht weit aufgerissen halten, während du isst.
  Du könntest sonst deine Freunde zum Erbrechen bringen.

- Du sollst keinen Lärm machen oder Spucke herumschleudern,
  während du isst.

- Du sollst nicht damit beginnen, das Essen zu schmecken, wenn Älteste anwesend sind, sondern achte darauf, wann sie beginnen.

- Du sollst nicht sprechen, während du noch Essen in deinem Mund
  hast. Du wirst sonst aufhören, beim Essen angenehm zu sein.

- Du sollst nicht den ganzen Tag irgendetwas essen. Es könnte dich
  in diesem Tun krank machen.

- Verweigere dich nicht, wenn du zum Essen gerufen wirst. Wenn du
  bereits satt bist oder einfach nicht willst, iss nur wenig und höre auf.

Wer fertig ist mit Essen, wäscht sich die Hände und steht auf.

Nach unserer Mahlzeit brachten Menschen ihre Anliegen vor. Jemand wollte Post oder eine Person in die Stadt mitgenommen haben, ein anderer bat um finanzielle Unterstützung und wieder ein
anderer präsentierte seine Einkaufsliste. Gary sollte die gewünsch-
ten Gegenstände in der Stadt besorgen und beim nächsten Mal mitbringen. Bevor man sich's versieht, kann man sich vor Wünschen
und Anträgen nicht mehr retten.

Schließlich war es Zeit, Abschied zu nehmen. Jemand aus dem
Dorf wollte bis zum nächsten Gehöft mitfahren. Wenig später wa-

ren wir fahrbereit. Viele wünschten uns den Segen Gottes und riefen uns noch ein »*Kafikenipo mukwai*« (»Kommt gut an euer Ziel«) hinterher.

Unser Fahrgast schrie Halt, als er aussteigen wollte. Zum Glück fuhren wir nicht so schnell und es kam zu keiner Notbremsung. Nach einem »*Natotela mukwai*« (»Danke schön«) nahmen wir wieder Fahrt auf. Auf unserem Weg gelangten wir durch ein Stück dichten Wald. Dort gab es richtig hohe Bäume. Vielleicht könnten wir dort ja ein schönes Plätzchen finden für eine Pause.

Der Wald war atemberaubend. Als der Motor schwieg, war es still. Auch die Zeit stand still und das Leben schwieg ebenfalls. Nach einem langen Augenblick der Bewunderung packten wir unseren Proviant aus. Es war Zeit für eine Tasse Kaffee und ein Stück Kuchen. Dann wurde uns auf einmal bewusst, welchen Tag wir hatten.

Zu Gary und Meta meinten wir: »Letztes Jahr um diese Zeit hatten wir auch Kaffee und Kuchen.«

Wie wir das so genau sagen könnten, wollten sie wissen.

»Das wissen wir ganz genau«, versicherten wir ihnen. »Vor einem Jahr haben wir geheiratet.«

Das mussten sie akzeptieren und freuten sich, an diesem Tag gemeinsam mit uns unterwegs zu sein.

Im Trubel des Tagesgeschehens hatten wir ganz vergessen, dass wir heute unseren ersten Hochzeitstag feiern konnten. Nun gab es doch noch eine Feier. Zwar fern der Heimat und abseits der Zivilisation, dafür aber in einer außergewöhnlichen Umgebung. Zusammen mit unseren amerikanischen Freunden irgendwo tief im sambischen Busch, unter dem Schatten eines großen Baumes, stießen wir darauf an.

Ronalds Baby

Februar 1990. Es war kurz vor dem Dunkelwerden und Zeit, nach Hause zu gehen. Wir waren zu Besuch bei Michl und Bärbel, als es an der Tür klopfte. Vor der Tür stand BaRonald, ein Angestellter unserer Freunde. BaRonalds Kommen hatte einen besonderen Grund: Seine Frau stand kurz vor der Entbindung. Er bat eindringlich um Hilfe, da er seine hochschwangere Frau nicht auf sein Fahrrad setzen könne, um sie über holprige Buschwege in die Stadt ins Krankenhaus zu bringen.

Ich erklärte mich bereit, mit dem Auto in sein Dorf zu fahren. Keine angenehme Aufgabe bei den schlechten Wegen und der Dunkelheit im Busch. Aber alles ging gut. Im Dorf angekommen, wurden rasch die notwendigen Dinge zusammengepackt und wir fuhren so schnell wie möglich und so behutsam wie nötig Richtung Stadt.

Die Straße war katastrophal schlecht und mit Schlaglöchern übersät. Immer dann, wenn es besonders ruppig wurde, drang ein Stöhnen vom hinteren Sitz nach vorne. Minuten erschienen wie Ewigkeiten. Mehr aus Verzweiflung als mit Zuversicht sprachen wir der Frau Mut zu.

Je länger wir uns über die Piste quälten, desto stärker schien sich auf dem Rücksitz eine vorzeitige Geburt anzukündigen. Im Fahrzeug stieg die Spannung. Endlich kam Kasama in Sicht, die Straßen wurden etwas besser und wir erreichten das Krankenhaus. Noch einmal abbiegen und wir standen vor der Entbindungsstation. Alle waren sichtlich erleichtert, die Frau noch nicht wirklich.

Stehen konnte die werdende Mama nicht mehr. Ihr Mann verschwand und tauchte mit einem in die Jahre gekommenen Rollstuhl wieder auf, der jedoch erst einsatzfähig gemacht werden musste.

Die Wehen setzten in immer kürzeren Intervallen ein und es war in der Tat allerhöchste Zeit. Augenblicke später waren beide hinter der Tür zum Entbindungssaal verschwunden. Meinen Pflichten enthoben, machte ich mich wieder auf den Heimweg. Am frühen Morgen des folgenden Tages besuchte mich der strahlende Vater und erzählte, dass knapp zehn Minuten nach dem Betreten des Kreißsaals ein Junge zur Welt gekommen sei.

Wie gut, dass der kleine Erdenbürger im Krankenhaus das Licht der Welt erblickt hatte und nicht im ISUZU-Geländewagen, sonst hätte der liebe Junge womöglich sein ganzes Leben lang mit dem Namen Isuzu herumlaufen müssen.

Die Namengebung folgt in Sambia ganz anderen Regeln als in Europa. Es finden sich in Sambia Menschen mit Namen wie *Forky* (Gabel), *Football* (Fußball), *Friday* (Freitag), *Problem* (Problem), Romeo & Julia ... Mit dem »europäischen« Namen wird auf bestimmte Ereignisse, Umstände der Geburt oder besondere Beziehungen zu einem Menschen angespielt. Viele Bemba haben neben einem solchen europäischen Namen noch einen sogenannten »Nabelnamen«, der mit ihrer Herkunft, ihrem Klan und ihrer Familie zu tun hat. Gewöhnungsbedürftig ist die Tatsache, dass zwischen Frauen- und Männernamen kein Unterschied gemacht wird. Mädchen und Jungen können gleicherweise Mutale, Chanda, Mulenga oder Kabwe heißen. In Lusaka regen sich manchmal die Angestellten, die keine Bemba sind, auf den Ämtern darüber auf, dass man bei der Datenerfassung oder der Bearbeitung von Papieren bei solchen geschlechtsneutralen Namen nie weiß, ob es sich um männliche oder weibliche Personen handele.

Nicht jede kulturelle Eigenheit wird außerhalb ihrer gültigen sozialen Welt als umwerfend empfunden. Nicht einmal innerhalb eines Landes.

Obwohl das Leben in Sambia in vielerlei Hinsicht Unterschiede zum Leben in Deutschland aufweist, eine Sache ist dort wie hier in gleicher Weise gültig: Kinder werden geboren – *any time from now!*

Armer Pat aus Chicago

In Kasama lebten damals außer protestantischen Missionaren auch katholische. Unter ihnen gab es Priester, die als *Father* (Vater) angesprochen wurden, und solche, die als *Brothers* (Brüder) galten. Pat dagegen war einfach nur ein *Volunteer* (Freiwilliger) aus Chicago, Illinois.

Pat war eine lebenslustige Natur und lebte zusammen mit ein paar Europäern in einem Haus hinter einer großen Mauer. Er war hauptsächlich für Entwicklungsprojekte zuständig und kam viel in den dörflichen Gegenden herum.

Von einem Deutschen, wohl einem Priester, hatte er ein Motorrad übernommen, eine Zündapp KS 175. Silbern-schwarz, Zweitaktmotor und Zweisitzer. Jener Ordensmann hatte die Maschine irgendwann nach Sambia importiert. Vielleicht war sie für hiesige Verhältnisse nicht das richtige Fahrzeug gewesen und irgendwo in einer Ecke gelandet, bis Pat sie entdeckt hatte. Wie es genau gewesen war, kann ich nicht mehr sagen. Auf alle Fälle war die Zündapp in seine Obhut gelangt und er fuhr damit durch die Gegend.

Eines Tages kam ein junger Sambier zu ihm und bat um Hilfe. Aus Gutmütigkeit lieh Pat ihm die Zündapp aus. Er hätte es jedoch lieber nicht tun sollen.

Die Leute waren nur die berühmte *Honda 110 Trail* gewohnt. Die hatte einen Viertaktmotor, der gemächlich auf Touren kam, und eine Gangschaltung, die einfach zu handhaben war. Außerdem hatte sie nur einen Sitz. Die Zündapp 175 dagegen war eine Rakete. Ihr Zweitaktmotor hatte 17 PS und damit ordentlich Dampf. Ihr Fünfganggetriebe erforderte Übung und der Gasgriff Verstand.

Der junge Sambier ließ sich davon nicht abschrecken. Er würde ohne Probleme mit dem Gefährt zurechtkommen. Meinte er.

Einige Tage später passierte ein Unfall. Es stellte sich heraus, dass der junge Mann mit Pats Zündapp darin verwickelt war. Er hatte die Spritzigkeit des Zweitakters völlig unterschätzt. In einem Höllentempo war er die abschüssige Hauptstraße hinuntergerast, hatte bremsen müssen, war auf einen Sandstreifen geraten und mit einem Auto kollidiert. Der Motorradlenker war verletzt worden, nicht schwer, aber doch deutlich gezeichnet.

Die Zündapp hingegen war übel zugerichtet. Beide Holme der Vordergabel waren ordentlich verbogen (nicht geknickt!), die Vorderradfelge gebrochen, der Reifen hinüber, das Schutzblech verbogen, das Licht samt Blinker demoliert. Der Tank war eingedellt und hatte ein Loch. Die Plastikeinfassung der Tachoanzeige und des Drehzahlmessers war in die Brüche gegangen. Kurz: Die Zündapp war ein Haufen Schrott.

Irgendwie wurde ich auf den Fall aufmerksam. Vermutlich erfuhr ich davon über Michl, der sämtliche Leute in Kasama kannte. Da wir bis dahin immer noch zu Fuß unterwegs waren, wollte ich mir die arg lädierte Maschine einmal ansehen und suchte Pat auf. Es war wahrlich kein schöner Anblick. Was er denn damit zu machen gedenke, fragte ich Pat.

»Nichts weiter«, sagte er. Da es für sambische Verhältnisse ein ausgefallenes Motorrad war, müssten die Ersatzteile aus Deutschland besorgt werden. Das könnte teuer und schwierig sein. Ich überlegte mir die Sache und fragte ihn, was er für die Zündapp verlangen würde. Das könne er nicht so ohne Weiteres sagen, da die besitzrechtliche Seite etwas kompliziert sei. Die Zündapp gehöre zwar ihm, aber der rechtmäßige Eigentümer sei er nicht.

Und Pat hatte noch ein anderes Problem. Zwischenzeitlich hatte er sich nach einem Auto umgesehen. Das war jedoch nicht in einwandfreiem Zustand. Über jemand anders hatte er in Deutschland Ersatzteile besorgen lassen, für die er natürlich bezahlen musste. Da er in Deutschland kein Bankkonto hatte und das Geschäft kompliziert mittels Schecks und über mehrere Ecken hätte laufen müssen, kam er auf eine glorreiche Idee: Ich könne ja über meine deutschen Kanäle die Ersatzteile in Deutschland bezahlen und bekäme im Gegenzug die Zündapp. Wir verhandelten noch ein wenig und wurden schließlich handelseinig. Wenig später organisierte ich eine Transportmöglichkeit und holte die Zündappüberreste zu uns nach Hause in das Chalet hinter der Bank.

Es begannen lange Wochen der Reparatur. Zunächst entfernte ich alle schrottreifen Teile. Dann kümmerte ich mich um jene Stücke, die durch Handarbeit wieder einsatzfähig gemacht werden konnten. Übrig blieben wesentliche Teile, die nicht zu reparieren waren – auch nicht durch »afrikanisches« Improvisieren oder Modifizieren.

In Deutschland hatte ich einen Cousin, der früher in einer Zweiradwerkstatt gearbeitet hatte. Vielleicht könnte der mir weiterhelfen. Und tatsächlich, Johannes war der richtige Mann. Sein alter Chef half ihm, die noch fehlenden Ersatzteile für die alte Zündapp aufzutreiben.

Der spannendste Akt war der Versand. Als die Aluguss-Vorderradfelge in Kasama auf dem Postamt lag, freute ich mich riesig. Und als ich dann noch mit moderaten Zollgebühren davonkam, konnte ich wirklich von einem Triumph sprechen. Es folgten weitere Lieferungen. Schließlich hatte ich alles zusammen.

Den Tank brachte ich zu einer einheimischen Hinterhofwerkstatt. Die konnten mit einem Gasschweißgerät umgehen und auch hartlöten. Mit Reinhard, meinem deutschen Kollegen, brachte ich die beiden Gabelholme nach Chilubula, einer alten katholischen Missionsstation, die eine Autowerkstatt unterhielt. Dort waren sie gut ausgestattet und hatten eine Presse. In Chilubula hatte Bruder Jan die Verantwortung für die Werkstatt. Ihn kannten wir schon von Kasama her. Mit der Presse war die Reparatur eine einfache Angelegenheit. Zum Schluss waren beide Holme wieder einwandfrei in Ordnung.

Schließlich kam der Tag, an dem die Zündapp in neuem Glanz erstrahlte. Alles funktionierte. Der erste Ausritt war ein Hochgefühl, wie es Jungs kennen, die es der Welt gezeigt haben.

Jetzt war ich – waren wir – mobil. Mit Kabwe und Gilbert konnten wir als Motorradgang die dörfliche Umgebung aufmischen und während der Woche an verschiedenen Orten Entwicklungsarbeit und Spiritualität, Projekte und Glauben miteinander verbinden.

Aber es gab ein Problem. Der Fahrzeugbrief lautete noch nicht auf meinen Namen. Zur Umschreibung brauchte ich einen Brief des eingetragenen Eigentümers. Dazu musste ich zu den Weißen Vätern, einem katholischen Missionsorden, der in Kasama seine Zentrale hatte. Mit den Papieren in der Tasche fuhr ich hin. Nachdem ich mein Anliegen erklärt hatte, traf ich auf den zuständigen Priester. Der war mehr als erstaunt, dass ich Ansprüche auf die Zündapp erhob und nun deren neuer Besitzer sein wollte. Pat hatte kein Wort gesagt.

Später, als ich mit der reparierten Zündapp bei Pat vorbeischaute, erzählte er mir, dass ihm der Priester den Marsch geblasen und zugleich den Kopf gewaschen habe, da er eigenmächtig Missionseigentum verscherbelt habe.

Poor Pat from Chicago – armer Pat aus Chicago!

Pat nahm die Sache aber eher gelassen. Seiner Meinung nach war der Haufen Motorradschrott keine große Aufregung wert. Wir verstanden uns und tranken zusammen einen Kaffee.

Die Zündapp war genau richtig für mich. Wir konnten unabhängiger agieren, unterwegs sein und Besuche machen. Vor allem war es toll, mit Kabwe und Gilbert auf Tour zu gehen.

In den Fängen der Polizei

Gary war schuld. Falls man hier überhaupt von Schuld reden konnte. Er hatte mich zu etwas gebracht, was es in meiner bisherigen Biografie noch nicht gegeben hatte.

Gary hatte ein Boot (kein großes oder gar protziges) und eine Angelausrüstung und liebte es, zwischendurch einen Ausflug zu machen und fischen zu gehen. Am liebsten brach er frühmorgens auf, noch vor Sonnenaufgang. Wer zeitig an Ort und Stelle war, hatte beste Chancen auf Erfolg. Gary hatte die Devise: *The early bird catches the worm* – der frühe Vogel fängt den Wurm. Oder anders ausgedrückt: »Morgenstund hat Gold im Mund.«

Für seine Arbeiter und solche, die im Laufe des Jahres größere Aufgaben für ihn erledigt hatten, gab er einmal im Jahr ein Fest. Diesmal hatte er sie, es waren fünf Personen, zu einem Wochenende am Chila-See in Mbala eingeladen. Ich war auch eingeladen und sollte ihn bei dieser Unternehmung tatkräftig unterstützen. Mbala lag knapp 180 km nördlich von Kasama. Gary wollte ihnen eine Angeltour gönnen und machte sie heiß, mit großer Beute wieder nach Hause zu ihren Familien zurückkehren zu können.

Das gefiel allen. Die Vorbereitungen waren nicht unerheblich. Das Boot wurde in Schuss gebracht, die Campingausrüstung zusammengestellt und Vorräte eingekauft. Wir waren sieben Männer und zwei Tage unterwegs. Da kam einiges zusammen. Allein die Menge Zucker belief sich auf einige Kilo. Sambier waren süße Naturen. Schon Tage vorher hatte Gary 150 Eier in Kasembos Farmladen bestellt. Eier gab es immer reichlich, wenn er auf Tour ging. Gekocht, als Omelett, Spiegelei oder Rührei, in jeder Variation kamen sie auf den Tisch. Auf dem Markt kauften wir Gemüse und in einem der Inderläden Maismehl und Reis.

Ohne größere Zwischenfälle fuhren wir zum Chila-See. Die Regenzeit klang gerade aus, dafür würde es in den kommenden Wochen nachts frischer, ja kühl werden. Die kalte Trockenzeit stand vor der Tür.

Der Chila-See hat für die deutsche Geschichte eine besondere Bedeutung. Hier soll General Lettow-Vorbeck, der im Ersten Weltkrieg die deutsche Schutztruppe in Ostafrika befehligt und gegen die Briten gekämpft hatte, nach der Kapitulation im November 1918 seine Waffen im See versenkt haben. Mit der Niederlage kamen endgültig große Gebiete im südlichen Afrika unter die Kontrolle der britischen Krone, fortan galten britisches Recht und Gesetz. Gelegentlich, so hörte man, zögen einheimische Fischer mit ihren Netzen alte Gewehre und anderes Kriegsgerät aus den Tiefen des Sees.

Dazu waren wir an jenem Tag aber nicht angetreten. Wenn es etwas aus dem See zu ziehen gab, dann waren es Fische. Ein große Menge Fische. Wir fischten den ganzen Tag. Die beliebteste Art war *drawling*. Dazu fährt man mit dem Boot langsam über das Wasser, lässt die Schnur der Angelrute mit entsprechenden Fangvorrichtungen ins Wasser fallen und stoppt die Angelrolle erst, wenn die Schnur in einiger Entfernung hinter dem Boot hergezogen werden kann. Auf diese Art fängt man wirklich Fische. Problematisch werden Kurvenfahrten. Hängen drei oder gar vier Angelschnüre gleichzeitig im Wasser und werden hinter dem Boot hergezogen, können sie sich leicht überkreuzen und verfangen. Das ist jedes Mal ein Zinnober und sehr nervig. Leider war die Ausbeute am ersten Tag gering. Der Enthusiasmus und die Erwartung, als erfolgreiche »Jäger« später daheim prahlen zu können, begannen bei den fünf Hobbyfischern zu schwinden.

Wir taten alles, um sie bei guter Laune zu halten und die Hoffnung auf einen großen Fang am nächsten Tag zu schüren. Und wir versorgten sie mit reichlichen Mahlzeiten. War der Magen erst zufrieden, sah die Welt gleich besser aus.

Schluss für heute. Es war Nacht geworden. Unsere Quartiere waren hergerichtet und ein Feuer brannte. Genau deshalb wird Afrika geliebt. Ein Lagerfeuer in freier Natur hat sozusagen eine heilsame Wirkung auf den Menschen. Im Hintergrund wogten die Wellen und plätscherten gegen das flache Ufer. Über uns spannte sich das atemberaubende Sternenzelt der südlichen Hemisphäre.

Während wir Europäer eher andächtig nachsinnend in ein loderndes Feuer schauen, wird für unsere sambischen Freunde der Feuerkreis zum dramaturgischen Rahmen. Afrikaner lieben Geschichten. Da sie sehr viel unterwegs sind, erleben sie auch viel. Und sie lieben es, ihre Erlebnisse und Geschichten zum Besten zu geben. Eine Geschichte nach der anderen wurde ausgepackt.

»Keiner rührt sich von der Stelle. Alle bleiben, wo sie sind!«, brüllte es unvermittelt aus der Dunkelheit in unsere gemütliche Runde hinein.

Gleichzeitig fuhr mit Karacho ein Fahrzeug vor, Männer sprangen aus dem Wagen, Scheinwerfer leuchteten auf und im Nu waren wir umzingelt. In einem Augenblick waren wir aus unserer amüsanten Geschichtenwelt in die wirkliche Welt katapultiert worden.

Nur widerwillig wollten wir uns dem neuen Szenario stellen. Die Gestalten, die aus der Dunkelheit in den Schein des Feuers traten, nahmen darauf keine Rücksicht. Sie ließen keinen Zweifel daran aufkommen, dass sie es ernst meinten. Erst jetzt erkannten wir unsere Situation. Die Männer trugen Gewehre – und Uniform. Was in aller Welt war los?

»Wer seid ihr? Was macht ihr hier?«, donnerte uns jemand an.

Danach befahl man uns, uns um das Feuer zu versammeln. Sie wollten alle im Visier haben. Einer fing an zu zählen und gab die Meldung ab:

»Es sind sieben. Zwei *Musungus* und fünf *Blacks*«, korrigierte sich aber sogleich, »ich meine fünf Afrikaner.«

Der, an den die Meldung erging, war der Chef. Er trat aus dem Halbdunkel hervor und baute sich breitbeinig wie ein Monument vor uns auf, sodass er alles überblicken konnte.

Jetzt kam seine Uniform zur Geltung. Die Knöpfe an seiner Jacke leuchteten mächtig hell im Widerschein des Feuers. Auf dem Kopf trug er eine breite Schirmmütze. Die Lagerfeuersituation ließ alles noch abenteuerlicher erscheinen.

»Kontrolliert ihre Personalien«, befahl er seinen Männern.

Das war kein Problem. Personalien musste man in Sambia stets am Mann haben. Überall gab es die unangenehmen *road blocks* (Straßensperren) der Polizei. Wir zogen unsere *ID Cards* (Personalausweise) heraus und präsentierten sie den Uniformierten. Sie studierten die Plastikausweise eingehend, drehten sie um und wieder zurück.

»Die fünf hier sind *Nationals* (Sambier). Die anderen sind *Aliens*

(Ausländer) aus Kasama. Sie behaupten, sie seien Missionare«, meldete einer dem Chef.

Daraufhin reichte er ihm unsere Ausweise, die dieser in gleicher Manier aufmerksam studierte.

»Warum verbringen Sie hier die Nacht?«, wollte der Chef von uns zwei Weißen wissen.

»Das haben wir so geplant«, gab Gary ihm zur Antwort.

»Wie – ›geplant‹? Was wollen Sie damit sagen, Mr ... Mr ... Gary?«, fragte er gereizt nach. Auf den Nachnamen hatte er verzichtet. Der war ihm wahrscheinlich zu kompliziert.

»Wir dachten, es sei eine gute Idee, so etwas zu machen«, meinte Gary gegenüber dem Chef.

Die Antwort hatte eine gewisse Wirkung auf den Chef. Unsere Freunde fingen an zu lachen.

»Was macht ihr hier mit den zwei Weißen?«, wandte er sich sogleich an die fünf Einheimischen.

»Sie haben uns eingeladen. Wir waren mit ihnen fischen«, erwiderte einer aus der Gruppe.

Irgendetwas Bestimmtes gefiel dem Chef nicht. Er wurde es langsam überdrüssig, hier noch länger mit uns zu diskutieren. Dann fällte er eine Entscheidung:

»Die zwei Weißen kommen mit auf die Wache. Die da« – also die fünf Hobbyfischer – »bleiben unter Bewachung hier«, ordnete er an.

Gary und ich wurden zum Jeep eskortiert und stiegen ein. Irgendwie hielt der Chila-See für Deutsche historische Momente bereit. Gewissermaßen hatte er einen Hang, zur Kapitulation einzuladen. General Lettow-Vorbeck hatte ihr damals nicht zu entrinnen vermocht und ich konnte ich es über 70 Jahre später auch nicht.

Einige Uniformierte sprangen auf die Ladefläche und wir fuhren mit dem betagten Gefährt davon. Wenig später waren wir auf der Polizeiwache. Der Chef ließ uns in sein Büro führen. Dort machte er sich auf seinem Stuhl breit und bedeutete uns, ebenfalls Platz zu nehmen.

»Was machen zwei Weiße mit fünf Einheimischen nachts am See?«, fing er nochmals an zu fragen.

Wieder beäugte er unsere Ausweise. Jetzt bemerkte er, dass Gary Amerikaner und ich Deutscher war. Wir konnten genau erkennen, wie es in ihm arbeitete: Ein Amerikaner, ein Deutscher, fünf Sambier aus Kasama kampierten nachts am See. Das war für ihn eine harte Nuss zu knacken.

Da es auf der Polizeistation elektrisches Licht gab, war der Raum hell genug, dass wir unser Gegenüber genauer in Augenschein nehmen konnten. Jetzt fiel uns auch der etwas glasige Blick des Chefs auf. Zunehmend wurde durch sein Reden und Verhalten deutlich, dass er nicht mehr nüchtern war.

Das konnte für uns alles Mögliche bedeuten. Vielleicht würde er auf die dumme Idee kommen, uns in einer der berüchtigten Polizeizellen die Nacht verbringen zu lassen. Danach konnte man wirklich kein Verlangen haben. Noch war nicht klar, in welche Richtung sich das Blatt wenden würde. Wieder begann er eine Ausfragerunde.

»Was wollen zwei Missionare mit fünf Sambiern nachts am See?«, brummte er vor sich hin.

So kamen wir nicht weiter. Das Ganze war regelrecht komisch, aber wir durften es uns nicht anmerken lassen. Gary meinte:

»Sir, wir haben eine Erlaubnis, mit fünf Sambiern nachts am See zu kampieren«, teilte er dem Chef mit.

»Welche Erlaubnis? Davon weiß ich nichts.«

Gary fuhr fort: »Ich arbeite für die Kirche und komme regelmäßig nach Mbala. Dabei habe ich vor einiger Zeit beim Polizeiinspektor unsere Pläne, am See zu übernachten, angemeldet.«

Mit einer Erlaubnis sah die Sache plötzlich ganz anders aus. Das schien ihm trotz seines alkoholisierten Zustands klar zu werden. Es bestand Handlungsbedarf. Ihm dämmerte, dass sich daraus Konsequenzen für ihn ergeben könnten.

Wir unterbreiteten ihm die Möglichkeit, dies mit dem Inspektor zu klären. Wir seien bereit, morgen wiederzukommen. Gehen lassen wollte er uns aber nicht. Die Angelegenheit erforderte seiner Meinung nach noch in der Nacht eine Lösung.

Dann hatte er eine blendende Idee. Er griff zum Telefon, wählte eine Nummer und wartete. Am anderen Ende war der Inspektor. Man merkte ihm an, wie er versuchte, innerlich Haltung anzunehmen. Dann legte er los:

»Guten Abend, Sir. Äh, hm, ich habe hier zwei Weiße auf der Wache bei mir. Die kampieren mit fünf Einheimischen am See. Wir haben sie aufgespürt und ihre Versammlung aufgelöst.«

Inspektor: »...!«

»Ja, Sir. Ich weiß, wie spät es ist. Bitte entschuldigen Sie. Aber hier liegt eine Situation vor ...«

Inspektor: »...?«

»Nein, Sir. Sie können sich alle ausweisen. Der eine ist Amerikaner, der andere ein *German* (Deutscher).«

Inspektor: »...«

»Sir, sie behaupten, sie seien Missionare. Sie behaupten auch, sie hätten eine Erlaubnis.«

Inspektor: »...!!!«

»Ja, Sir! ... Ja, Sir! ... Ja, Sir!!!«

Der Hörer krachte auf den Telefonapparat. Der Chef wandte sich wieder an uns:

»Ich habe mit dem Inspektor die Sache eingehend besprochen. Wir sind zu folgender Entscheidung gekommen: Sie dürfen jetzt zurück in ihr Quartier. Danke für Ihre Kooperation.«

Dem Chef stand der Schweiß im Gesicht. Reden mochte er jetzt nichts mehr. Wir betonten, dass wir zu würdigen wüssten, wie gewissenhaft er seine Pflicht tue und wie aufmerksam die Polizei die Vorgänge in ihrer Umgebung verfolge. Dann wünschten wir ihm noch eine angenehme Nacht.

Wir waren wieder auf freiem Fuß. Der Polizei-Landrover brachte uns in unser Lager zurück. Dort war alles in Ordnung. Die Wache, die bei den Hobbyfischern hatte ausharren müssen (und sicher einiges zu hören bekommen hatte), zog ab und schwang sich auf den Jeep, der mit seinen Insassen in die klare Nacht davonbrummte.

Wir bogen uns vor Lachen. Mit einem Mal waren wir aus der wirklichen Welt wieder in die Geschichtenwelt zurückkatapultiert worden. Das Feuer lud uns ein, den Ereignissen des vergangenen Tages, vor allem aber der letzten Stunden, in immer neuen Variationen ein Gesicht zu geben. Allen war klar, dass zu diesem Gesicht eine breite Polizeischirmmütze gehörte.

Noch lange machten in dieser Nacht die Kommentare der fünf Hobbyfischer am Lagerfeuer die Runde, die mit zwei *Musungus* am Chila-See fischen gegangen waren, die dies als »gute Idee« befunden hatten. Erst als das Feuer langsam in sich zusammensank, ging auch den Geschichtenerzählern der Stoff aus. Sie verstummten ebenfalls.

Einer nach dem anderen verschwand in der Nacht und ließ sich auf sein Lager sinken.

Am nächsten Tag. »Ich habe einen! Ich habe einen an der Schnur! Es muss ein echtes Kaliber sein!«, schrie Krispin, der Vorarbeiter, in heller Aufregung.

In der Tat. Ihm war ein Brocken von Barsch an den Haken gegangen. Der Tag war gerettet. Jeder von uns konnte am Ende unserer Angeltour zufrieden sein. Prahlen konnten wir mit unserer Beute zwar nicht, aber zu verstecken brauchten wir uns auch nicht. Ich hatte ebenfalls einige Fische gefangen und vermachte sie den fünf Hobbyfischern. Gary legte seine dazu. Ihre Frauen würden sie am Ende doch als Helden zu Hause empfangen können.

Ein wahnsinnig aufregendes Wochenende lag hinter uns, woran jedoch nicht nur wir schuld waren. Die Polizeistation befand sich auf unserem Weg. Wir mussten sie passieren. Ob uns der Chef vorbeifahren sah? Es bleibt für immer ein Geheimnis.

Neben der Aufregung hatten uns die Möglichkeiten beeindruckt, die Afrika bot: Fische konnten jeden Augenblick anbeißen – *any time from now.*

Menschen konnten innerhalb weniger Sekunden von der Geschichtenwelt in die wirkliche Welt gestoßen werden. Damit nicht genug. Es konnte in gleicher Weise innerhalb eines Augenzwinkerns auch wieder umgekehrt sein – *any time from now.*

Es war sogar möglich, aufgrund unerklärlicher Vorgänge einen warmen Schlafsack mit einem harten Steinboden in der Zelle einer sambischen Polizeistation eintauschen zu müssen – *any time from now.*

Gary war schuld.

Epilog

Ein Jahr war vergangen, seit wir in Sambia gelandet waren. Es war in vieler Hinsicht ein reiches Jahr gewesen. Reich an Erfahrungen, reich an Abenteuern und reich an Gottes Barmherzigkeit. Der Herr dachte an uns und segnete uns. Und für die Zukunft galt – und gilt noch:

»Der Herr denkt an uns und segnet uns.«

Jederzeit ab jetzt!